HEYNE <

W0334521

Der Autor

Hilmar Pickartz, Jahrgang 1947, leitet zwei eigene Rechtsanwaltskanzleien in Berlin und Augsburg. Er ist spezialisiert auf Schrott- und Problem-Immobilien und hat in über 30 Jahren schon Hunderte von schlecht beratenen Neueigentümern vor dem Ruin bewahrt.

HILMAR PICKARTZ

DIE IMMO FALLE

Das miese Geschäft
mit den Schrott-Immobilien

Das Kartell aus
Maklern, Bankern und Notaren

Die besten Experten-Tipps:
So schützen Sie sich

WILHELM HEYNE VERLAG
MÜNCHEN

MIX
Papier aus verantwortungsvollen Quellen
FSC® C014496

Verlagsgruppe Random House FSC® N001967
Das für dieses Buch verwendete
FSC®-zertifizierte Papier *Holmen Book Cream*
liefert Holmen Paper, Hallstavik, Schweden.

Originalausgabe 05/2014

Redaktion: Johann Lankes
Printed in Germany 2014
Umschlaggestaltung:
Hauptmann und Kompanie Werbeagentur, Zürich
Satz: Schaber Datentechnik, Wels
Druck und Bindung: GGP Media GmbH, Pößneck

ISBN 978-3-453-61004-0

www.heyne.de

Inhalt

Vorwort

Mit der Immo-Falle wird eine wertvolle Beute gejagt – nämlich Sie, lieber Leser. Wie jede Falle ist auch die Immo-Falle für die Gejagten nur schwer zu erkennen. Umso verführerischer ist der am häufigsten ausgelegte Köder, die Schrott-Immobilie.

Mit »Schrott-Immobilie« bezeichnet man in der Umgangssprache nicht oder schlecht sanierte Immobilienobjekte, für deren Renovierung jeder Neueigentümer in der Regel mit erheblichen Zusatzkosten rechnen muss. Aber auch gut sanierte Immobilien zählen zu den »Schrott-Immos«, wenn ihr Kaufpreis deutlich überteuert ist und sie weder beim Weiterverkauf noch beim Mietertrag der investierten Summe entsprechen.

Was nun seit Beginn der 1990er-Jahre mit diesen Schrott-Immobilien passiert, ist ein sich immer weiter fortsetzender Skandal, bei dem ein Happy End noch nicht zu erkennen ist. Die für uns Bürger verantwortlichen Entscheidungsträger aus Politik, Wirtschaft, Finanzen und Justiz verschließen ihre Augen oder sehen tatenlos zu, wie ehrliche Menschen in den Ruin getrieben werden. Inzwischen sind rund drei Millionen Bürger in Deutschland Opfer oder unmittelbar Betroffene dieser betrügerischen Machenschaften, das sind drei Mal so viele Menschen, wie im Saarland leben, oder doppelt so viele, wie Mecklenburg-Vorpommern Einwohner hat.

Bei der Immo-Falle treffen wir auf eine Zwei-Klassen-Gesellschaft. Die Besserverdiener werden hauptsächlich von Banken mit dem Versprechen von steuerlichen Vorteilen oft mit faulen Immo-Fonds über den Tisch gezogen. Für die Normalverdiener, Rentner und »kleinen Leute« schnappt die Immo-Falle mit dem Angebot von »Schrott-Immobilien« zu.

Gäbe es nicht die Presse und eine wirklich nur ganz kleine Gruppe von engagierten Rechtsanwälten, die immer wieder mahnend den Finger heben und auf spektakuläre Einzelfälle hinweisen, würde die Öffentlichkeit geräuschlos zur Tagesordnung übergehen und Millionen Schicksale vergessen. Deutschland ist eben wegen mangelhafter Verbraucherschutzgesetze und überwiegend verbraucherfeindlicher Rechtsprechung des XI. BGH-Senats ein Paradies für Kapitalanlagebetrüger und deren gewissenlose Helfer, die sich leider auch in den Reihen der Makler, Banken und Notare finden.

Dieses Buch ist ein Hilferuf an die breite Öffentlichkeit. Es soll das Gewissen der Entscheidungsträger wachrütteln und ein radikales Umdenken einleiten, um die Fortsetzung der üblen Machenschaften zukünftig zu unterbinden und allen, die bereits in der wirtschaftlichen Schuldenfalle sitzen, auf anständige Weise weiterzuhelfen. Dies kann nur dadurch erreicht werden, dass die Banken und Inkassofirmen ihren Kunden Lösungen anbieten, die ihnen den tiefen Fall in die Insolvenz oder Sozialhilfe ersparen.

Doch Mitarbeiter von Banken und Inkassofirmen, die Herz und Mut beweisen wollen, fürchten sich vor juristischen Konsequenzen, weil die Gefahr besteht, dass ihnen die Anteilseigner ihrer Arbeitgeber vorwerfen, angeblich werthaltige Sicherheiten aus der Hand zu geben. Es kann nicht das Ziel unserer sozialen Marktwirtschaft sein, Menschen, die bereits wirtschaftlich und oft auch seelisch und gesundheitlich am Boden liegen, weiterhin zuzusetzen, um noch das letzte Quäntchen an Erspartem aus ihnen herauszupressen.

Hilflos im Netz der Fallensteller – legal, illegal, ganz egal

Wir alle haben uns inzwischen daran gewöhnt, dass Unternehmen und Händler, die etwas verkaufen wollen, in den meisten Fällen ihren Kunden auch eine Finanzierung anbieten. Ob es sich nun um Autos, Unterhaltungselektronik, Möbel oder Küchen handelt, immer ist nach dem Motto »Kaufe jetzt, zahle später« eine Finanzierung auf Kredit ein Teil des Produktangebots.

Der größte Teil aller Autokäufe wird heute finanziert, von der Bank des Autoherstellers, von speziellen Kreditbanken oder auch von der Hausbank des Kunden. Elektromärkte werben damit, Weihnachtsgeschenke bequem schon ab November zu kaufen und sie mit kleinen Raten im Laufe des kommenden Jahres zu bezahlen, manchmal sogar mit einer sogenannten Null-Prozent-Finanzierung. Auch der Kauf einer neuen Küche soll per Ratenzahlung ebenso attraktiv und leicht gemacht werden wie der Erwerb einer neuen Wohnzimmereinrichtung.

Dass wir uns so sehr an das Kaufen auf Kredit gewöhnt haben, macht sich auch das Kartell aus Maklern, Bankern und Notaren zunutze, die Schrott-Immobilien verkaufen. Dabei unterscheidet sich der Kauf einer Schrott-Immobilie ganz erheblich von allen anderen

Finanzierungsgeschäften. Das erkennt man schon am Ablauf.

Wenn jemand ein Auto, einen Fernseher oder eine neue Küche kaufen möchte, dann geht die Initiative in so gut wie allen Fällen vom Käufer aus. Bei Fernsehern und Küchen ist das kaum anders. Der Kunde informiert sich, lässt sich beraten, entscheidet sich für den Kauf und fragt dann, falls er eine Ratenzahlung wünscht, nach den Finanzierungsmöglichkeiten.

Der jeweilige Händler wird prüfen, wie solvent der Kunde ist, und das Risiko abschätzen, das er mit dem Kauf auf Raten eingeht. Dann wird er versuchen, ein Finanzierungsmodell zu ermitteln, das es ihm und dem Kunden ermöglicht, das Geschäft zum Abschluss zu bringen.

Aber solche Modelle haben in der Praxis immer ihre Grenzen. Wenn jemand, der 1200 Euro netto im Monat verdient, einen Fernseher für 600 Euro kaufen möchte und in der Lage ist, 200 Euro anzuzahlen, dann sehen die meisten Händler keine Probleme, die übrigen 400 Euro auf zehn Monatsraten à 40 Euro zu verteilen.

Will dieselbe Person jedoch eine Luxuslimousine für 120 000 Euro kaufen und ebenfalls dafür nur 200 Euro anzahlen und später Monatsraten in Höhe von 40 Euro bezahlen, dann wird der Händler mit Sicherheit ablehnen und dem Kunden einen günstigen Gebrauchtwagen anbieten, der besser zu dessen finanziellen Möglichkeiten passt. Beim Verkauf von Schrott-Immobilien ist das ganz anders.

Die Besonderheiten der Immo-Falle

Dass die Immo-Falle nach eigenen Regeln funktioniert, können wir deutlich daran erkennen, wenn wir den Kauf eines Gebrauchtwagens als Beispiel nehmen. Die meisten Leute, die sich ein gebrauchtes Auto kaufen wollen, haben ganz bestimmte Vorstellungen von der Automarke und von der Typenklasse und was der Wagen ungefähr kosten darf.

Sie gehen also zu einem Autohändler, der Ihnen einen Gebrauchtwagen anbietet, dessen Preis doppelt so hoch ist wie der Neuwagenpreis. Wahrscheinlich werden Sie den Händler für verrückt erklären und sofort wieder den Verkaufsraum verlassen. Nun macht Ihnen der Autohändler jedoch ein tolles Angebot.

Er erklärt sich bereit, den Wagen zehn Jahre lang zu finanzieren. Er sagt, in zehn Jahren könnten Sie den Wagen als sogenannten Youngtimer wieder verkaufen und den Kredit zurückzahlen. Außerdem versucht er Sie auch glauben zu machen, dass der Preis, den Sie für dieses Modell dann erzielen, höher sein wird als der doppelte Neuwagenpreis heute. Halten Sie das für wahr? Wahrscheinlich nicht.

Kunden, die in die Immo-Falle gehen, sind jedoch bereit, sich auf solche Versprechen einzulassen. Das liegt daran, dass die Immo-Falle eben ganz anders funktioniert als jedes normale Verkaufsgespräch. Denn Schrott-Immobilienkäufer haben zunächst gar nicht die Absicht, eine vermietete Wohnung zu kaufen, sondern ganz andere Interessen. Auch von Immobilienpreisen haben sie in der Regel keine oder nur eine höchst ungenaue Vorstellung, weil es für sie auch bis dahin keine Veranlassung gab, sich darüber zu informieren.

Der Verkäufer sucht den Kunden und nicht umgekehrt

Die Immo-Falle funktioniert immer so, dass die Verkäufer oder Vermittler nach Kunden suchen und nicht umgekehrt. Sie suchen aber nicht einfach nur irgendwelche Kunden, sondern solche, die sich betrügen lassen, solche, bei denen sich der Betrug lohnt, oder solche, die sich in schwierigen Situationen befinden und deshalb auch bereit sind, nach dem letzten Strohhalm zu greifen.

Speziell diese Kunden finden sie in der Regel über Anzeigen oder Internetseiten, die finanzielle Hilfe versprechen und denen nicht zu entnehmen ist, dass es sich in Wahrheit um den Verkauf einer Schrott-Immobilie handelt.

Kein Vermittler oder Verkäufer einer Schrott-Immobilie wird seinem potenziellen Kunden von Anfang an sagen, worum es ihm wirklich geht. Stattdessen tarnt er sich als hilfsbereiter Fachmann, Berater oder selbstloser Samariter, der anderen Menschen in schwierigen Situationen beistehen will. Er will ihnen helfen, Steuern zu sparen oder Schulden loszuwerden, die ihnen über den Kopf gewachsen sind.

Einerseits nutzt der Schrott-Immobilienverkäufer die Ängste der Menschen aus, andererseits schürt er ihre Gier. Wer zu viele Schulden hat, hat auch Existenzängste und fürchtet, sein Leben nicht mehr in den Griff zu bekommen. Jede Hilfe wird dankbar angenommen. Wer Ersparnisse oder ein regelmäßiges Einkommen hat, fürchtet immer höhere Steuern und den Wertverlust seines Ersparten durch Inflation oder Wirtschaftskrisen. Gleichzeitig wird neben der Angst auch die Gier geschürt, indem behauptet wird, man könne ohne Arbeit und ohne Risiko auf legale Weise nebenher etwas dazuverdienen.

Sobald sich der betrügerische Verkäufer an seinen Kunden angeschlichen hat, wird er ihn in der nächsten Phase ausspionieren, um festzustellen, wie viel auf welchem Wege zu holen ist. Nach dem Anschleichen und dem Ausspionieren kommt der dritte entscheidende Schritt, das Abzocken. Angst und Gier haben den Kunden blind gemacht, und jetzt wird Druck ausgeübt. Das Opfer muss sich plötzlich ganz schnell entscheiden, schnell handeln und einen Vertrag unterschreiben.

Die meisten Menschen können unter Druck nicht mehr klar denken, sondern reagieren nur noch automatisch. Und genau das ist im Sinne eines betrügerischen Verkäufers. Der letzte Schritt besteht dann darin, dass der Verkäufer sich absetzt und für seine Kunden nicht mehr zu sprechen ist.

Jeder will einmal zu den Gewinnern gehören

Hendrik M. hat es im Leben nie leicht gehabt. Als er Anfang 30 war, erlitt er eine schwere Schädelverletzung, und die Ärzte prognostizierten ihm ein Leben im Rollstuhl. Doch Hendrik war ein Kämpfertyp und schaffte es zurück in ein ganz normales Leben. Freunde unterstützten ihn und halfen ihm, einen Arbeitsplatz bei einem großen Industrieunternehmen in Berlin zu finden, wo er bis zu seinem Eintritt in den Vorruhestand blieb.

Auch die zwischenzeitlich auftretenden Probleme mit einer Alkoholerkrankung bekam er schon vor Jahrzehnten in den Griff. Dabei half ihm auch die Mitgliedschaft in einer Selbsthilfegruppe für anonyme Alkoholiker. Zu den Prinzipien dieser Gruppe gehörten neben der Solidarität auch Offenheit und Ehrlichkeit gegenüber sich selbst und anderen.

Einer der Männer in dieser Gruppe war Frank. Er sprach Hendrik vor rund acht Jahren an, ob er nicht eine Eigentumswohnung kaufen wolle, die vermietet wird. So könne er sich für den Ruhestand eine zusätzliche Einnahmequelle verschaffen. Hendrik war interessiert und besichtigte gemeinsam mit Frank die Wohnung in Spandau. Die ca. 43 Quadratmeter große Wohnung war frisch renoviert und gut instand gesetzt, auch einen potenziellen Mieter hatte Frank schon an der Hand. Frank würde alles regeln. Die Commerzbank war bereit, die Wohnung, die rund 100 000 Euro kosten sollte, zu 100 Prozent zu finanzieren, und die mit dem Kredit verbundenen Kosten in Höhe von monatlich 659 Euro würden aus der Miete gedeckt werden.

Hendrik überlegte nicht lange, sondern ging mit Frank zu einem Notar, wo er die notwendigen Papiere unterschrieb. Wenn man mit jemandem in einer Selbsthilfegruppe zusammenarbeitet, die nach den Prinzipien des Vertrauens, der Ehrlichkeit und Offenheit funktioniert, kann man schließlich auch Geschäfte mit ihm machen.

Doch dann verschwand Frank plötzlich aus der Gruppe. Niemand weiß bis heute, wo er abgeblieben ist. Da Hendrik weder etwas von seinem Mieter noch von der Bank hörte, war er trotzdem nicht beunruhigt. Das Wohnungskaufmodell schien zu funktionieren.

Es dauerte relativ lange, bis sich der Mieter bei ihm meldete, weil die Gastherme in der Wohnung defekt war. Als Hendrik zu ihm fuhr, um sich den Schaden anzusehen, stellte er fest, dass es sich gar nicht um die Wohnung handelte, die er damals mit Frank besichtigt hatte. Die Wohnung, die ihm jetzt offensichtlich gehörte, lag zwar in derselben Straße, aber ein paar Hausnummern weiter und war in einem ziemlich schlechten Zustand.

Bei dem Notartermin hatte Hendrik nicht bemerkt, dass er mit der Unterzeichnung des Vertrags nicht die Wohnung im Haus Nummer 48, sondern im Haus Nummer 42 gekauft hatte. Diesen Fehler schrieb er sich selbst zu und sah auch keine Möglichkeit, ihn zu korrigieren.

Ihm war klar, dass er von Frank reingelegt worden war. Doch er akzeptierte es. »Es ist im Leben, wie es ist«, war sein Motto. Deshalb bemühte er sich, das Beste aus der Situation zu machen. Hendrik hatte durchaus Verständnis für die Wünsche seines Mieters, dem es unterm Strich noch schlechter ging als ihm selbst, und setzte ihm die Wohnung, soweit er es konnte, instand.

Ein paar Jahre später meldete sich jemand von einer Immobiliengesellschaft bei Hendrik und bot ihm die Möglichkeit an, in Zukunft auf einfache Weise Steuern zu sparen. Wie die meisten Menschen ärgerte sich Hendrik darüber, dass ihm als einfachem Arbeitnehmer jeden Monat die Steuern vom Lohn abgezogen werden, ohne dass er sich dagegen wehren kann, während Reiche und Prominente mit immer neuen Tricks ihre Steuern mindern. Das wollte er auch. Schließlich hatte er durch die vermietete Wohnung ohnehin schon finanzielle Sorgen. Warum sollten immer nur die anderen ein Stück vom großen Kuchen abbekommen?

Also nahm Hendrik das Beratungsangebot des Anrufers an. Man machte einen Termin im Büro der Immobiliengesellschaft aus. Hendrik erinnert sich noch heute gut daran. Die Räume der Firma lagen im obersten Stockwerk eines Bürohauses und konnten nur mit einem speziellen Fahrstuhl erreicht werden. Zutritt hatte nur, wer vorher die Eingangskontrolle per Video bestanden hatte. Hendrik durfte nach oben fahren. Er gehörte zu den auserwählten Kunden. Dies schmeichelte ihm.

Er war von der teuren Büroausstattung schwer beeindruckt. »Ja, das alles haben wir mit Immobilien verdient, und Sie können das auch.« Die beiden Chefs der Firma erklärten ihm wortreich, wie das Immobiliengeschäft, das sie Hendrik vorschlugen, abgewickelt werden würde und wie hoch die Steuerersparnis für Hendrik sein könnte, wenn er sich richtig entschied. Das meiste von dem, was man ihm erklärte und vorrechnete, verstand er gar nicht. Was zählte, war nur, dass er schnell zusagen würde. Das tat er auch.

Dann fuhr man mit dem Fahrstuhl in die Tiefgarage, wo ihm seine neuen »Geschäftsfreunde« ihre Autos, einen Bentley und einen Hummer, zeigten. Hendrik durfte in einen großen Mercedes steigen und wurde damit umgehend zum Notar gefahren, um den Kaufvertrag für eine Wohnung, die, wie seine andere Wohnung auch, ebenfalls rund 100 000 Euro kosten sollte, zu unterschreiben. Dieser Notartermin dauerte, wie sich Hendrik erinnert, nur wenige Minuten. Dann war das Geschäft perfekt.

Im Mercedes ging es zurück zum Büro der Immobilienfirma, die ihm ein Rundum-Sorglos-Paket verkauft hatte. Sie würde in Zukunft alles für ihn regeln, die Finanzierung, die Vermietung der Wohnung und deren Verwaltung. Eigentlich brauchte er nur darauf zu warten, dass die Mieten und die Immobilienpreise steigen, damit er die Wohnung in ein paar Jahren mit Gewinn verkaufen kann.

Als dann nach kurzer Zeit die Immobilienfirma, bei der er die zweite Wohnung gekauft hatte, insolvent wurde, suchte sich Hendrik einen Steuerberater, der sich sämtliche Unterlagen genau durchsah. Das Ergebnis war erschütternd. Der Steuerberater riet ihm, einen in solchen Fällen versierten Anwalt zu nehmen. So kam Hendrik M. zu mir.

Abschließende Beurteilung

Der Fall von Hendrik M. hat sowohl juristische als auch psychologische Komponenten. Beginnen wir mit den juristischen. Jeder Laie wird sofort sagen, dass Hendrik betrogen wurde, als ihm Frank die falsche Wohnung zeigte. Und jeder Laie wird jetzt eine strafrechtliche Verfolgung fordern und Schadenersatz.

Aber lässt sich das auch beweisen? Zeugen gab es ganz offensichtlich nicht, und der Vertrag war bei einem

Notar ordentlich beurkundet worden. Die Beweislage ist also schwierig. Außerdem ist Frank verschwunden. Auch die Immobilienfirma, die Hendrik die zweite Wohnung verkauft hat, gibt es nicht mehr.

Betrachten wir also die Ist-Situation. Hendrik ist über 60 Jahre alt, ledig, schwerbeschädigt und im Vorruhestand. Sein monatliches Einkommen liegt bei 1500 Euro. Der Wert der Wohnungen beträgt weniger als die Hälfte dessen, was er damals dafür bezahlt hat. Der Vertrag mit der Commerzbank sah nur eine Verzinsung des Darlehens vor, aber keine Tilgung.

Deutlich spektakulärer als der Vertrag mit der Commerzbank ist allerdings der Kreditvertrag mit der DKB Deutsche Kreditbank für die zweite Wohnung. Aus der Finanzierungsanfrage ging eindeutig hervor, dass bereits monatliche Verpflichtungen bei der Commerzbank für eine Schrott-Immobilie in Höhe von circa 659 Euro bestanden.

Eigentlich hätte sich schon zu diesem Zeitpunkt die Bank fragen müssen, warum sie einem einfachen Arbeitnehmer, der schon eine Schrott-Immobilie hat, auch noch eine zweite finanzieren sollte. Obgleich man wusste, wie die finanzielle Lage von Hendrik war, mutete man ihm eine weitere Finanzierung mit monatlichen Zahlungen von ca. 600 Euro inklusive Tilgung für ein etwa 55 Quadratmeter großes Objekt für unglaubliche 107 000 Euro zu. Das könnte man als grob fahrlässig bezeichnen.

Es schien mir durchaus interessant, den genaueren Werdegang dieses Kredits der DKB Deutsche Kreditbank in Erfahrung zu bringen. Die Überweisungen, die dort eingingen, waren für mich jedenfalls nicht nachvollziehbar. Das Einzige, was klar war, ist, dass der Nominalzins in Höhe von 4,10 Prozent bis zum 31. März 2016 vereinbart wurde. Die wirtschaftliche Perspektive von Hendrik war also höchst problematisch, besonders deshalb, weil die bei der Finanzierungsanfrage festgelegte Tilgung von 2,5 Prozent der Kreditsumme pro Jahr wirtschaftlich überhaupt nicht verständlich und machbar war.

Mein Lösungsvorschlag lief nun darauf hinaus, dass beide Wohnungen verkauft und der erzielte Preis den Banken zur Deckung ihrer Forderungen zur Verfügung gestellt wird, um die Vertragsverhältnisse zu beenden. Außerdem sollten die Banken von Hendrik noch eine zu verhandelnde Schlusszahlung erhalten, die er über einen Verbraucherkredit bei seiner Hausbank finanzieren würde. Bisher hat aber nur eine Einigung mit der Commerzbank stattgefunden, während sich die DKB weiterhin stur stellt und Hendrik damit wohl in die Insolvenz treiben wird.

Die psychologische Komponente dieses Falls entspricht genau dem Muster, das man immer wieder vorfindet, wie Andrea Reiser von der Schutzgemeinschaft für Immobiliengeschädigte e.V. (SfI) erläutert. Hendrik M. ist zunächst bei Frank in die Sympathiefalle getappt. Frank war zumindest augenscheinlich in einer ähnlichen Situation wie Hendrik und deshalb eben auch in der Selbsthilfegruppe. Hendrik vertraute ihm, doch es handelte sich um eine typische Freundschaft mit Hintergedanken. Niemand, der einem anderen vertraut, wird ohne Anlass dieses Vertrauen infrage stellen. Das geschieht erst, wenn der Betrug stattgefunden hat und das Vertrauen gebrochen worden ist.

Dass Hendrik M. dann noch eine zweite Wohnung gekauft hat, liegt an dem Prinzip »Mehr-von-demselben«. Es ist in unserer Gesellschaft ganz selbstverständlich, dass wir Probleme dadurch zu lösen versuchen, dass wir bestimmte Vorgehensweisen einfach nur verstärken, um dadurch doch noch zu den gewünschten Ergebnissen zu kommen. Wenn die Steuerersparnisse nicht ausreichen, um die Kosten zu decken, versuchen wir eben, noch mehr Steuern zu sparen. So ist es auch Hendrik M. ergangen. Ihm wurde weisgemacht, dass er erst mit der zweiten Wohnung die gewünschten Ergebnisse erzielen und die Defizite, die durch den Kauf der ersten Wohnung entstanden sind, ausgleichen könnte.

Dabei tappte er außerdem noch in die Autoritätsfalle. Die betrügerischen Immobilienvermittler und -verkäufer residieren nicht nur deshalb in luxuriösen Büros und fahren teure geleaste Fahrzeuge, weil sie es sich leisten können, sondern weil sie damit ihre Kompetenz gegenüber ihren Opfern untermauern wollen. Jemandem zu widersprechen, der offensichtlich so viel erfolgreicher ist als man selbst, fällt gerade einfachen Leuten schwer.

Die Sympathiefalle und die Autoritätsfalle

Wir finden einen Menschen sympathisch, wenn er uns ähnlich ist, wenn wir Gemeinsamkeiten mit ihm haben, aber auch wenn er über eine äußerliche Attraktivität verfügt oder uns Komplimente macht. Das wissen alle Verkäufer und versuchen deshalb, zu ihren Kunden ein

Band der Sympathie aufzubauen. Besonders die Verkäufer von Schrott-Immobilien verlassen sich auf die Sympathiemethode, weil sie weder attraktive Produkte noch günstige Preise anbieten können. Natürlich ist die Sympathie innerhalb der eigenen Familie, im Freundeskreis, unter Arbeitskollegen und unter Vereins- oder Kirchenmitgliedern am größten. Aber auch wenn eine Person von einem Mitglied dieser Gruppen empfohlen wird, entsteht Vertrauen.

In vielen der in diesem Buch geschilderten Fälle werden Sie lesen, dass die Betrogenen durch Menschen, die sie kannten, die sie schätzten und die ihnen sympathisch waren, den Kontakt zum Vermittler oder Verkäufer einer Schrott-Immobilie fanden. Häufig werden solche Empfehlungen von Freunden, Bekannten oder Verwandten ziemlich leichtfertig ausgesprochen, da sie die weiterempfohlene Person nur höchst oberflächlich kennen.

Eine andere Methode, Ähnlichkeit und damit Sympathie herzustellen, besteht besonders bei Telefonanrufen darin, dass derjenige, der anruft, vorgibt, einen ähnlichen Namen wie der Angerufene zu haben. Oft reicht es, wenn nur die Anfangsbuchstaben gleich sind. »Guten Tag Herr Schulz, hier ist Schmidt.« Schon wird man den Anrufer sympathischer finden, als wenn er sich mit Müller gemeldet hätte. Oder: »Guten Tag, Herr Schwarz, das ist ja lustig, mein Name ist Weiß.« Auch hier entsteht Sympathie durch Ähnlichkeit.

Eine ganz wichtige Rolle, um Sympathie durch Ähnlichkeit zu schaffen, spielt auch die Herkunft. »Was, Sie kommen aus Norddeutschland? Ich auch.« Das funktioniert natürlich nur, wenn man den Dialekt beherrscht.

Aber selbst das ist nicht unbedingt notwendig. Es reicht häufig schon, zu sagen: »Sie kommen aus Norddeutschland. Das finde ich ja toll. Ich habe fünf Jahre in Hamburg gelebt. Das war die schönste Stadt, die ich je kennengelernt habe.« Wobei natürlich Hamburg durch jede andere Stadt ersetzbar ist.

Aber man kann auch noch über ein paar Umwege Sympathie erzeugen. »Sie kommen aus Leipzig? Das ist ja großartig. Meine Schwester ist mit jemandem aus Leipzig verheiratet und vergangenes Jahr dort hingezogen. Sie fühlt sich da so wohl wie noch nirgendwo zuvor.«

Auf Gemeinsamkeiten hinzuweisen ist ein besonders gutes Mittel, um Wohlwollen zu erzeugen. Deshalb besuchen Verkäufer von Schrott-Immobilien auch anfangs gern ihre Opfer zu Hause. Der Verkäufer oder sein »Spürhund« kann sich auf diese Weise einen Eindruck vom potenziellen Kunden verschaffen, der sich zudem zu Hause sicherer fühlt als in einer fremden Umgebung. Welche Hobbys hat der mögliche Kunde? Ist er Sportler, Musikliebhaber, Angler oder Jäger? Sammelt er etwas Bestimmtes? All das kann man in der Wohnung des Opfers wunderbar erkennen und bei späteren Verkaufsgesprächen einsetzen. Gemeinsame Interessen fördern auch gemeinsame Geschäfte.

Die äußerliche Attraktivität der Verkäufer spielt in vielen der geschilderten Fälle ebenfalls eine Rolle. Gebräuntes Gesicht, gepflegte Kleidung, sicheres Auftreten und gute Umgangsformen haben bei potenziellen Kunden noch nie ihre Wirkung verfehlt. Selbst junge Frauen, die offen zugeben, dass sie von Immobiliengeschäften eigentlich keine Ahnung haben, erhalten bei männlichen Kaufinteressenten einen Bonus. Ihre angebliche Unkenntnis wird als Ehrlichkeit interpretiert, was diese Frauen nur noch sympathischer macht.

Ein besonders wichtiges Mittel, um Sympathie zu erzeugen, sind Komplimente: »Was, Sie haben dieses schöne Einfamilienhaus selbst renoviert? Eine tolle Leistung. Und jetzt ist es auch noch schuldenfrei. Alle Achtung.« – »Sie arbeiten schon seit 30 Jahren bei dieser Firma? Dann sind Sie ja einer ihrer wertvollsten Mitarbeiter.« Oder ein Verkäufer beim Hausbesuch, wenn im Regal mehr als fünf Bücher stehen: »Was, die haben Sie alle gelesen? Ich käme gar nicht dazu.«

Wie können Sie sich nun dagegen wehren, auf solche Sympathiefallen hereinzufallen? Am besten dadurch, dass Sie zwischen dem Menschen und dem, was er Ihnen anbietet, trennen. Nichts gegen Small Talk und eine gute zwischenmenschliche Atmosphäre, aber deshalb müssen Sie noch lange nicht auch das, was man Ihnen verkaufen will, für gut befinden.

Die Autoritätsfalle besteht darin, dass jemand vorgibt, Experte zu sein, und/oder einen Titel führt, elegant und teuer gekleidet ist und sich mit Luxusgütern umgibt. Viele Menschen, vor allem ältere, sind beeindruckt, wenn sie mit einem Adeligen sprechen.

Ähnlich verhält es sich mit Doktortiteln. Wenn einem jemand mit einem »Dr.« vor seinem Nachnamen zum Kauf einer Schrott-Immobilie rät, hat das natürlich ein ganz anderes Gewicht, als wenn dies jemand ohne Doktortitel tut. Denn wer einen solchen Titel führt, gilt von vornherein als kompetenter als jemand ohne diesen akademischen Grad – unabhängig davon, ob er sich den Doktor erschwindelt oder ihn tatsächlich erworben hat. Um ihr Expertentum zu betonen, hängen Verkäufer von Schrott-Immobilien gerne pompöse Urkunden in ihren Büros auf, die ihre Kompetenz unterstreichen sollen. »Herr Meier hat an einem Lehrgang für Verkaufen an Senioren teilgenommen und mit der Gesamtnote Sehr gut bestanden.« Eine lächerliche Urkunde, die dennoch auf den unbedarften Käufer Eindruck macht.

Dass auch die Kleidung entsprechende Autorität ausstrahlt, wissen wir spätestens seit dem Hauptmann von Köpenick, der in einer gebrauchten Uniform die Stadtkasse des Städtchens geplündert hat. Natürlich tragen Schrott-Immobilienverkäufer keine Uniform, aber so etwas Ähnliches: hochseriöse, gut sitzende, oft maßgeschneiderte Anzüge und Hemden, teure Schuhe und Manschettenknöpfe, edle Krawatten und natürlich wertvolle Uhren.

Auch eine erlesene Ausstattung des Büros sowie luxuriöse Autos sind hilfreiche Instrumente, um Autorität zu suggerieren. Wer sich einen derartigen Luxus leisten kann, muss ja schließlich etwas können. Das kann er auch, nämlich unbedarften Mitmenschen das letzte Geld abschwatzen.

Was sollten Sie tun, um der Autoritätsfalle zu entgehen? Schieben Sie Ihre Entscheidung unbedingt auf, lassen Sie sich nicht zu einem Notartermin drängen, und holen Sie auf jeden Fall eine zweite Meinung ein. Bedenken Sie immer: Nichts ist so wichtig, dass Sie heute noch unterschreiben müssen, und manche Dinge erledigen sich von selbst, wenn man sie aufschiebt.

Sie können sicher sein, jemand, der Ihnen abends um 20.00 Uhr eine Wohnung verkaufen will, versucht es auch am nächsten Morgen um 9.00 Uhr noch einmal. Lassen Sie sich nicht von einmaligen Angeboten täuschen. Egal, was Sie kaufen wollen, nichts ist so einmalig, dass nicht auch noch eine zweite Chance kommen würde.

Was sind »Schrott-Immobilien«?

Ein zentrales Element der Immo-Falle ist die Schrott-Immobilie. Das Wort »Schrott-Immobilie« ist kein juristischer Begriff. Es hat sich seit dem Beginn der 1990er-Jahre in der Umgangssprache eingebürgert für Immobilienobjekte, die sich in einem nicht oder schlecht sanierten, also mehr oder weniger desolaten, Zustand befinden. Jeder Neueigentümer muss deshalb in der Regel mit erheblichen Zusatzkosten rechnen. Inzwischen zählt man aber auch gut sanierte Immobilien dazu, wenn diese deutlich überteuert den Besitzer wechseln und weder beim Weiterverkauf noch beim Mietertrag der investierten Summe entsprechen.

Meine ganz persönliche Definition für »Schrott-Immobilie« lautet:

»Schrott-Immobilie ist ein in den letzten Jahrzehnten herausgebildeter umgangssprachlicher Begriff für eine Immobilie, die vor allem von Drückergruppen oder Strukturvertrieben an zumeist durchschnittliche bis unterdurchschnittliche Einkommensgruppen einschließlich des dazugehörigen Bankenkredits vermittelt wird.«

Der echte Verkehrswert, der dem Zustand der Immobilie entspricht, wird durch gravierende Aufschläge, an denen Vertriebe,

Vermittler, Banken und Verkäufer entscheidend mitverdienen, um mehr als 100 Prozent überschritten.

Die im Wesentlichen nur mündlich erteilten Versprechungen wie Steuerersparnis, Wertsteigerung oder Altersvorsorge werden nicht annähernd erfüllt und führen deshalb zu nachhaltiger Gefährdung der wirtschaftlichen Existenz des Anlegers.

Cold Call – der unerwartete Anruf

Der Weg in die Immo-Falle beginnt bei vielen Menschen mit einem unerwarteten Anruf. Eine freundliche Stimme sagt: »Guten Tag, mein Name ist Martina Schulz (Name geändert), und ich rufe Sie im Auftrag des Verbands der Steuerzahler an.« Achtung, den Verband der Steuerzahler gibt es nicht, sondern nur den Bund der Steuerzahler. Auf solche Feinheiten werden Sie in diesem Moment jedoch nicht achten. Die Anruferin kann aber durchaus auch eine tatsächlich bestehende Organisation als Auftraggeber angeben.

Dann geht es weiter: »Spreche ich mit Herrn Manfred Schmitz?« – »Ja.« Die meisten Menschen finden andere gleich deshalb unbewusst sympathisch, wenn sie in ihrem Namen dieselben Initialen haben wie sie selbst. Das wissen Telefonverkäufer. Deshalb geben sie sich oft Namen, die ihren potenziellen Opfern ähnlich sind. Sie haben übrigens eben das erste Mal »Ja« gesagt.

»Der Verband der Steuerzahler hat eine neue kostenlose Dienstleistung entwickelt, die er Ihnen anbieten möchte. Kostenlos, verstehen Sie? Ist das nicht toll?« Sie sagen jetzt wahrscheinlich zum zweiten Mal »Ja«. »Sie richtet sich an alle Arbeitnehmer. Sie sind doch

Arbeitnehmer?« Jetzt sagen Sie zum dritten Mal »Ja«. »Die meisten Arbeitnehmer würden sich freuen, jeden Monat etwas weniger Steuern zu zahlen und etwas mehr in der Tasche zu haben. Geht Ihnen das auch so?«

Jetzt sind Sie mit Sicherheit beim vierten »Ja« angekommen, und Ihr Gehirn hat sich ganz automatisch in den Zustimmungsmodus geschaltet. »Dann würden Sie doch auch gern unsere kostenlose und vollkommen unverbindliche Beratung in Anspruch nehmen?« Was werden Sie sagen? Natürlich wieder »Ja«. Jetzt hat man Sie in die Falle gelockt. Nun müssen nur noch die vorliegende Adresse mit Ihnen abgeglichen und ein Termin bei Ihnen zu Hause vereinbart werden.

Allerdings bekommen Sie noch eine kleine Aufgabe verordnet: »Damit das Gespräch schnell und reibungslos ablaufen kann, bitte ich Sie, dafür alle notwendigen Unterlagen bereitzulegen. Wenn Sie sich bitte notieren würden, was wir zur Beurteilung der möglichen Steuerersparnis brauchen. Es sind Ihre Kontoauszüge, Ihre Lohnabrechnungen, Ihre Versicherungsverträge und Ihre Unterlagen über Geldanlagen, falls Sie welche haben.«

Zum vereinbarten Termin erscheint bei Ihnen zu Hause ein freundlicher Mensch, der Ihre Unterlagen mit großem Interesse anschaut. Danach wird er Ihnen wahrscheinlich sagen: »Da sind leider noch ein paar Punkte, die ich nicht ganz verstehe. Am besten nehme ich jetzt Ihre Unterlagen mit ins Büro. Meine Kollegen haben einfach mehr Erfahrung als ich. Sobald wir sie durchgesehen haben, rufen wir Sie an. Dann vereinbaren wir einen neuen Termin.«

Dieser Termin wird allerdings mit größter Wahrscheinlichkeit in den Räumen der vermeintlichen Berater stattfinden. Über Immobilien hat man bisher mit Ihnen noch nicht gesprochen, und trotzdem sind Sie jetzt schon wieder ein weiteres Stück in die Immo-Falle gegangen.

Eine facettenreiche Geschichte

Als im Jahr 2007 bei Rita I. das Telefon klingelte, ahnte sie noch nicht, dass dies der Anfang eines fünf Jahre dauernden Nervenkrieges werden sollte, der sie bis an den Rand des finanziellen Ruins treiben würde. Eine freundliche Stimme bat Rita I., an einer kurzen Meinungsumfrage teilzunehmen. Es gehe um das Thema Steuern. Als Dankeschön werde unter den Angerufenen, die alle Fragen beantworten, eine kostenlose Analyse der persönlichen finanziellen Situation durch Fachleute verlost.

Rita I. tat dem Anrufer den Gefallen und beantwortete die wenigen einfachen Fragen stets mit »Ja«. Dann war das Telefongespräch beendet. Sie hatte diesen Anruf schon längst wieder vergessen, als sie zwei Wochen später die Mitteilung erhielt, dass sie eine Steueranalyse im Wert von 80 Euro gewonnen habe. Um diesen Gewinn einzulösen, müsse sie die »Societät für Renten und Steuern« anrufen und mit ihr einen Termin vereinbaren. Der vereinbarte Termin wurde von dem Beratungsunternehmen schriftlich bestätigt. Alles sah sehr seriös aus.

Zur Vorbereitung des Gesprächs machte ein Mitarbeiter der »Societät für Renten und Steuern« bei Rita I. einen Hausbesuch, bei dem er sich die für die Steueranalyse notwendigen Unterlagen aushändigen ließ. Der eigentliche Beratungstermin fand dann in den Räumen der Societät in Mannheim statt. Dort überraschte man Rita I. gleich mit zwei guten Nachrichten. Ihre Steuererklärungen seien immer korrekt gewesen und nicht zu beanstanden. Es gebe dennoch eine Möglichkeit, Steuern zu sparen, wenn sie in Immobilien investieren würde. Dazu hatte Rita I. aber keine Lust.

Deshalb schlug man ihr vor, gemeinsam mit ihrem Lebenspartner Dirk M. noch einmal zu einem Gespräch zu kommen, weil sich für zwei Erwerbstätige besonders günstige Modelle erstellen ließen. Widerstrebend stimmte Rita I. zu. Bei diesem Termin erschien auch Herr L. von der Objektgesellschaft Neckarmünzgasse mbH. Er hatte für die beiden bereits ein 65 Quadratmeter großes und 110 000 Euro teures Objekt in der Seckenheimer Straße 77 ausgewählt und Pläne mitgebracht. Es handele sich um ein »ganz heißes« Angebot, für das es viele Interessenten gebe.

Um die Chance nicht zu verpassen, sei es wichtig, sich diese Wohnung reservieren zu lassen. Den Kaufvertrag könnten Rita und Dirk ja erst dann unterschreiben, wenn sie sich die ganze Angelegenheit noch einmal gut überlegt hätten. Vorsichtshalber rief Herr L. in Anwesenheit von Rita und Dirk bei einem Notar an, um sich nach einem Termin zu erkundigen. Erfreulicherweise könne man gleich vorbeikommen, hieß es. Dieser Notar M. sitze in Hessen und habe den Vorteil, immer erreichbar zu sein, wie Herr L. Rita und Dirk mitteilte.

Andere Notare in Baden-Württemberg oder in Rheinland-Pfalz hätten ihre Büros um diese Zeit schon geschlossen.

Also setzten sie sich ins Auto und fuhren zum Notar M. Während der Fahrt wies Herr L. immer wieder darauf hin, dass es sich nur um die Reservierung der Wohnung handele und nicht um einen Kaufvertrag. Die Wohnung werde im Übrigen zurzeit renoviert, was noch bis Ende April 2008 dauern würde. Bis dahin bräuchten sich Rita und Dirk keine weiteren Gedanken zu machen.

Es gehöre zu den Aufgaben der Objektgesellschaft, Mieter zu besorgen und sich um die Hausverwaltung zu kümmern. Bis die Wohnung vermietet sei, werde kein Hausgeld anfallen. Natürlich werde man auch die Steuererklärung für Rita und Dirk machen. Beide wähnten sich in guten Händen. Schließlich sei das nicht das erste Objekt, das auf diese Weise abgewickelt werde, betonte Herr L. immer wieder.

Herr L. und der Notar waren offensichtlich gut miteinander bekannt. Rita I. erinnert sich, dass auch der Notar darauf hingewiesen hatte, dass dies nur eine Vormerkung der Wohnung sei und der Kaufvertrag im Anhang nur als Muster für die Bank diene, damit diese über den Inhalt informiert sei. Dann wurde das gesamte Dokument einschließlich des Kaufvertrags vorgelesen und von den Beteiligten unterschrieben. Da der Termin erst nach 18.00 Uhr anberaumt worden war, waren Rita und Dirk schon ziemlich müde und anschließend froh, wieder nach Hause fahren zu können.

Zwei Tage später meldete sich Herr L. wieder bei Rita und Dirk. Er brauche noch die Genehmigung, um eine

Schufa-Auskunft einholen zu können. Außerdem wäre es gut, wenn man ihm auch noch eine Wohnbescheinigung, die Sparbücher, die Bausparverträge und andere Unterlagen aushändigen würde. Doch Dirk und Rita gaben Herrn L. diese Dokumente nicht.

Ein paar Tage später erhielten die beiden einen Brief von der ING-DiBa wegen ihres Darlehens über 140 000 Euro. Das Schreiben der Bank war nur einen Tag nach dem Notartermin datiert. Wieso gewährte man ihnen ein Darlehen, das rund 30 000 Euro höher war, als die Wohnung überhaupt kosten sollte?

Rita und Dirk riefen bei Herrn L. an. Dieser entschuldigte sich wortreich und erklärte, dass man sich wegen der Finanzierung vertan hätte. Man habe für die kleine Wohnung von Rita und Dirk die Finanzierung einer großen Wohnung besorgt und für einen anderen Käufer für dessen große Wohnung die Finanzierung einer kleinen. Das sei ihm sehr peinlich. Doch bevor man jetzt damit anfange, alle Anträge noch einmal zu stellen, sei es einfacher, die Wohnung zu kaufen, für die das Darlehen ja bereits genehmigt sei. Rita und Dirk wollten die größere Wohnung aber nicht.

Herr L. gestand noch mal seinen Fehler ein und um ihn wiedergutzumachen, unterbreitete er Rita und Dirk ein Angebot, dem sie nicht widerstehen konnten. Sie würden die größere Wohnung statt für 157 900 Euro für 140 000 Euro erhalten. Außerdem würde Herr L. ihnen auch noch eine Garage dazugeben. Diese hätte einen Wert von 17 000 Euro. Wenn sie die Garage verkaufen würden, kostete die Wohnung für sie nur noch 123 000 Euro. Den Verkauf würde Herr L. für Rita und Dirk übernehmen.

Die Garage könnten sie natürlich auch für 100 Euro im Monat vermieten und hätten dann eine zusätzliche Einnahme. Das hörte sich gut an, und beide stimmten zu, die größere Wohnung mit Garage für 140 000 Euro zu kaufen. Dass sie sich das leisten konnten, machte Herr L. anhand einer Modellrechnung deutlich, die von jährlichen Mieteinnahmen in Höhe von 3660 Euro ausging. Eigenkapital sei nicht nötig. Allerdings müsse man jetzt noch einmal einen Notartermin vereinbaren, um die größere Wohnung zu reservieren, was sie auch taten.

Der Termin fand am 28. November 2007 statt. Rita und Dirk beauftragten den Notar, eine Vormerkung für sie ins Grundbuch einzutragen. Gleichzeitig machte er die beiden darauf aufmerksam, dass sie an ihr gleichzeitig beurkundetes Angebot, die Wohnung kaufen zu wollen, gebunden seien. Beide gingen davon aus, dass das Angebot ein Teil der Vormerkung sei.

Im vorbereiteten Kaufvertrag stand allerdings noch der Preis von 157 900 Euro, den man jetzt auch leider nicht mehr ändern könne, weil das wieder Komplikationen mit der Bank nach sich ziehen würde, die ja von diesem Kaufpreis ausgehend ihre Darlehenszusage über 140 000 Euro gemacht habe. Aber schließlich sei man sich ja einig, dass Rita und Dirk nur 140 000 Euro zahlen müssten. Am 30. November 2007 bestätigte Herr L. dies Rita und Dirk auch nochmals schriftlich. Alles war bestens.

Hinsichtlich der Renovierung der Wohnung erklärte Herr L., dass im ganzen Haus nur noch ein Mieter wohne, und sobald dieser ausgezogen sei, würde die komplette Renovierung beginnen. Dazu gehöre auch der Einbau von neuen Fenstern. Auf jeden Fall sei man im Zeitplan, und Rita und Dirk könnten davon ausgehen, dass zum 1. Mai 2008 ein Mieter gefunden werde.

Für den Fall, dass Bedenken bestehen, erklärte sich Herr L. bereit, eine Zeitungsanzeige mit der Telefonnummer der Käufer zu schalten. Dann könnten sich diese allerdings nicht mehr vor Anrufen retten, weil eine solche Wohnung in dieser Toplage sehr gesucht sei. Rita und Dirk verzichteten dankend auf dieses Angebot. Stattdessen kümmerten sie sich mit Herr L. darum, welche Bodenbeläge in die Wohnung kommen sollten.

Als Nächstes brauchte Herr L. doch noch eine weitere Absicherung des Kredits für die Bank. Er schlug vor, einen Vertrag über den Erwerb von Rentenfondsanteilen abzuschließen. Die Beiträge würden monatlich 175 Euro betragen und durch die Mieteinnahmen gedeckt werden. Der ganze Vertrag bestand aus einer sehr schlechten Fotokopie, bei der das Unterschriftenfeld mit Textmarker hervorgehoben war.

Dann kam die Rechnung des Notars für die Beurkundung. Auch darum wollte sich Herr L. kümmern. Diese würde aus der Steuerrückerstattung bezahlt werden, und Rita und Dirk bräuchten nichts zu überweisen.

Aus der Reservierung war nur einen Tag, nachdem Rita und Dirk zuletzt beim Notar gewesen waren, ein Kaufvertrag geworden, und die Bank hatte den Kredit in Höhe von 140 000 Euro an die Objektgesellschaft Neckarmünzgasse mbH ausbezahlt. Am 18. April 2008 drohte der Notar Rita und Dirk mit dem Gerichtsvollzieher und forderte die Bezahlung der restlichen 17 900 Euro aus dem Kaufvertrag. Herr L. war telefonisch nicht mehr zu erreichen. Diese Forderung wurde allerdings durch ein Versäumnisurteil abgewehrt, weil niemand von der Verkäuferseite bei der Verhandlung vor Gericht erschienen war. Später behauptete Herr L., dass es sich bei der Einleitung der Zwangsvollstreckung um ein »Büroversehen« gehandelt habe.

Rita I. und Dirk M. nahmen nun die Sache selbst in die Hand und stellten fest, dass das Haus, in dem sich ihre Wohnung befand, in einem vollkommen desolaten Zustand war. Der Hausflur war mit Müll und Bauschutt übersät, die Elektrik funktionierte nicht, und in ihrer Wohnung waren zwar Spuren vom Beginn einer Renovierung erkennbar, mehr aber auch nicht. Das Haus wurde nur noch von wenigen Mietern bewohnt, und von den ursprünglich versprochenen Sanierungsmaßnahmen war noch keine einzige tatsächlich durchgeführt worden. Außen am Haus war ein Baugerüst angebracht. Offensichtlich hatte man es dort »geparkt«, um eine Sanierung vorzutäuschen.

Abschließende Bewertung

Rita I. und Dirk M. waren ja der Meinung, dass sie beim Notar lediglich eine Wohnung reserviert hätten. Tatsächlich handelte es sich aber juristisch um ein Angebot zum Kauf der Wohnung mit Bezug zum beigefügten Kaufvertrag. Die entsprechende rechtliche Vorschrift findet sich in § 128 des Bürgerlichen Gesetzbuches. Dort heißt es: »Ist durch Gesetz notarielle Beurkundung eines Vertrags vorgeschrieben, so genügt es, wenn zunächst der Antrag und sodann die Annahme des Antrags von einem Notar beurkundet wird.«

Der Verkäufer brauchte also in diesem Fall das Angebot nur noch anzunehmen, was er auch schon einen Tag später tat, damit der Kaufvertrag zustande kam. Vielen Schrott-Immobilienkäufern ist diese Möglichkeit der getrennten Beurkundung der Erklärungen des Käufers und des Verkäufers nicht bewusst, und dies wird von Immobilienhaien immer wieder schamlos ausgenutzt. Allerdings braucht man dafür einen Notar, der mitspielt und seine Aufklärungspflichten auf ein Minimum reduziert.

Es gab zwar auch noch die Reservierung in Form einer notariellen Vormerkung im Grundbuch, doch diese diente nur zur Verschleierung der Tatsache, dass der Kaufvertrag schon einen Tag nach der Reservierung, also ab dem 29. November 2007, gültig war. Ein anderer Nutzen lässt sich in der Vormerkung nicht erkennen.

Was sollte nun eigentlich das Hin und Her mit den vertauschten Kaufverträgen und dem Preisnachlass von 17 900 Euro, obwohl der Verkäufer doch behauptete, für den Preis einen Kunden zu haben? Hierbei ging es ganz offensichtlich darum, die Bank über die finanzielle Situation der Käufer zu täuschen. Beim Kreditantrag wurde es so dargestellt, dass die Käufer ein Eigenkapital von 17 900 Euro einsetzen wollten und der Rest in Höhe von 140 000 Euro von der Bank kommen sollte. Damit verschleierte Herr L., dass es sich tatsächlich um eine 100-Prozent-Finanzierung handelte. Schließlich gab es den vom Notar beurkundeten Kaufvertrag über 157 900 Euro. Seither mussten die beiden monatlich 583,33 Euro an die kreditgebende Bank zahlen.

Da es keine Hausverwaltung gab, konnten sich die städtischen Behörden aussuchen, welche Eigentümer innerhalb des Hauses sie mit Steuern und Abgaben belasten wollten. Natürlich suchten sie sich diejenigen aus, bei denen etwas zu holen war.

2008 entschieden sich Rita und Dirk, vor Gericht die Rückabwicklung des Kaufvertrages zu fordern. Sie waren noch nicht in das Grundbuch eingetragen worden. Mit dem Urteil vom 14. Juli 2009 gab ihnen das Landgericht Mannheim recht, weil es im Kaufvertrag einen Formmangel gab. Der tatsächliche Kaufpreis entsprach nämlich nicht dem beurkundeten Kaufpreis.

In den Entscheidungsgründen des Gerichts heißt es:

»Die Zahlung ist ohne Rechtsgrund erfolgt, deshalb muss nach § 812 Absatz 1 der Verkäufer den Kaufpreis an den Käufer wieder herausgeben, weil er ihn ohne rechtlichen Grund erhalten hat. Dies wird damit begründet, dass es sich aus rechtlicher Sicht bei den protokollierten Vertragserklärungen um Scheingeschäfte handelt, sodass diese Erklärungen nichtig sind. In § 117 Absatz 1 heißt es: ›Wird eine Willenserklärung, die einem anderen gegenüber abzugeben ist, mit dessen Einverständnis nur zum Schein abgegeben, so ist sie nichtig.‹«

Käufer und Verkäufer wussten beim Notartermin genau, dass der Kaufpreis nicht 157 900 Euro betragen sollte. Dadurch wurde der wirklich übereinstimmende Wille, den Kauf zum Preis von 140 000 Euro zu tätigen, verdeckt. Für so ein verdecktes Geschäft gilt der Absatz 2 des §§ 117 BGB. Dieses verdeckte Geschäft muss nämlich in der dafür vorgesehenen Form stattfinden. Die ist im § 311 b Absatz 1 Satz 1 BGB zu finden.

»Ein Vertrag, durch den sich der eine Teil verpflichtet, das Eigentum an einem Grundstück zu übertragen oder zu erwerben, bedarf der notariellen Beurkundung.« Das war aber für den Kauf zum Preis von 140 000 Euro nicht geschehen. Deshalb war auch die getroffene Vereinbarung zwischen Herrn L. und Rita und Dirk nach § 125 BGB wegen Formmangels nichtig.

Hier hat das Gericht sich für einen klaren und leicht nachvollziehbaren Weg der Beweisführung und Urteilsfindung entschieden. Natürlich hätte man auch eine Rückabwicklung wegen sittenwidriger Überhöhung des Kaufpreises oder arglistiger Täuschung durchführen können. Doch dann hätten Gutachter hinzugezogen werden müssen, um den tatsächlichen Verkehrswert zu ermitteln und die Absicht einer Täuschung nachzuweisen.

Das Urteil ist inzwischen rechtskräftig geworden. Allerdings lässt es sich nicht vollstrecken, da die Objektgesellschaft inzwischen zahlungsunfähig ist.

Bedauerlicherweise hatten Rita und Dirk durch ihren früheren Anwalt keine vollständigen und abschließend notwendigen Klageanträge zusätzlich gestellt. Zum einen hätte aufgrund der Gesamtumstände auch die kreditgebende Bank verklagt werden beziehungsweise ihr der Rechtsstreit verkündet werden müssen. Zum anderen hätte ebenfalls als weiterer Klagepunkt die Löschung der Grundschuld zugunsten der kreditgebenden Bank beantragt werden müssen.

Beim anschließenden Zwangsversteigerungsverfahren wurde die mit einem Wert von 157 900 Euro angegebene Wohnung mit 31 000 Euro bewertet. Da sie zu einem fünffach überhöhten Preis verkauft worden war, ließ sich daraus auch die Sittenwidrigkeit dieses Immobiliengeschäfts ableiten.

Am 13. Januar 2012 kündigte die Bank den Kredit ohne Angabe von Gründen. Sie verlangte die Rückzahlung des Betrags von 140 000 Euro zuzüglich zwölf Prozent Zinsen seit dem 28. November 2007. Dabei hätte sie bei Prüfung des Kreditantrags von vornherein wissen müssen, dass es sich hierbei um eine Schrott-Immobilie handelte.

Und da Herr L. als Vermittler des Kredits mit der Bank zusammenarbeitete, hätte diese auch noch feststellen müssen, dass sich die Wohnung in einem Zustand befand, der jegliche Nutzung ausschloss, obwohl er behauptet hatte, es handele sich um eine selbst genutzte Eigentumswohnung.

Im Hinblick auf die insgesamt recht merkwürdigen Gesamtumstände sollte es eigentlich möglich werden, eine außergerichtliche Einigung mit der Bank herbeizuführen. Doch zurzeit ist die ING-DiBa AG noch uneinsichtig und droht mit einem Schufa-Eintrag, der die Existenz von Rita und Dirk dauerhaft zerstören könnte.

Allerdings bietet sich mit den ab Mitte 2014 geltenden Insolvenzregelungen für Rita und Dirk die Möglichkeit, mit ihren festen Einkommen innerhalb von drei Jahren 35 Prozent der Restschuld zu begleichen, die zurzeit noch circa 90 000 Euro zuzüglich der Insolvenzkosten beträgt, um dann von diesen Schulden befreit zu werden.

Die Geben-und-Nehmen-Falle

Rita und Dirk sind zwei Mal in die Geben-und-Nehmen-Falle getappt. Das erste Mal ging es eigentlich nur um einen kleinen Betrag, nämlich 80 Euro. Hätte man Rita nur mitgeteilt, dass sie bei ihrer Teilnahme an der Meinungsumfrage eine Steueranalyse gewonnen habe, hätte sie vielleicht darauf verzichtet oder die ganze Angelegenheit auf den Sankt-Nimmerleinstag verschoben.

Da Rita aber gesagt wurde, dass diese Steueranalyse einen Wert von 80 Euro habe, die bei Nichtannahme verfallen würden, ging es auf einmal um richtiges Geld. 80 Euro wirft man nicht einfach in den Papierkorb, sondern löst dieses Guthaben ein. Die Betrüger wussten, wie und womit sie Rita ködern konnten. Ein kleines Geschenk würde durch ein eigenes Zugeständnis ausgeglichen werden.

Das Gleiche passierte, als Herr L. sich bei der Wohnungsvergabe »vertan« hatte. Er nahm die Schuld daran auf sich und machte finanzielle Zugeständnisse, die so groß waren, dass man eigentlich hätte misstrauisch werden müssen. Warum sollte jemand eine Wohnung, die er praktisch schon einem anderen für 157 900 Euro verkauft hatte, jetzt auf einmal an Rita für 140 000 Euro verkaufen und außerdem noch eine Garage im Wert von 17 000 Euro dazugeben?

An dieser Stelle hätte Rita durchaus misstrauisch werden können. Stattdessen schlug wieder die Geben-und-Nehmen-Falle zu. Sie bekam etwas geschenkt und unterzeichnete deshalb den Vertrag über die teurere Wohnung. Die Psychologen sprechen hier von der Reziprozitäts- oder Gefälligkeitsfalle.

Das Reziprozitätsprinzip besagt, dass wir anderen etwas zurückgeben wollen, wenn wir etwas von ihnen bekommen haben. Wer uns einen Gefallen tut, dem tun wir auch einen. Und wer uns etwas schenkt, der erhält auch von uns ein Geschenk. Dieses Gefühl, anderen verpflichtet zu sein und eine Gegenleistung erbringen zu müssen, ist tief im menschlichen Inneren verankert. Es gibt kaum eine Gesellschaft, in der diese Regel nicht existiert.

Deshalb ist Reziprozität ein wesentliches Element der Immo-Falle. Wir werden sie im Laufe des Buches noch häufiger kennenlernen. Meist steht das Geschenk oder der Gefallen, den der Verkäufer seinem Käufer tut, in keinem Verhältnis zu der dann erbrachten Gegenleistung, nämlich der Unterzeichnung des Kaufvertrages. Trotzdem funktioniert dieses Prinzip. Niemand möchte etwas annehmen, ohne sich dafür erkenntlich zu zeigen.

Eine besondere Form der Anwendung der Reziprozitätsregel besteht darin, eine hohe Forderung zu stellen. In diesem Fall sollten Rita und Dirk statt einer Wohnung für 110 000 Euro eine für 157 000 Euro kaufen. Das hatten die beiden natürlich zunächst einmal zurückgewiesen. Und genau darauf spekulierte Herr L.

Wenn er ihnen jetzt entgegenkommen und ihnen diese Wohnung plus Garage für 140 000 Euro überlassen würde, müssten sie sich dafür erkenntlich zeigen. Schließlich war es ein großzügiges Angebot, und es wäre nicht nur unwirtschaftlich, sondern auch sehr unhöflich gewesen, es abzulehnen.

Dabei hätten sich Rita und Dirk genau in diesem Moment aus der Immo-Falle herausziehen können. Aber sie taten es nicht, weil sie anständige Menschen sind und jedes Entgegenkommen ebenfalls mit Entgegenkommen beantworten.

Was ist ein sittenwidriges Rechtsgeschäft?

Nach dem Bürgerlichen Gesetzbuch ist ein Rechtsgeschäft, das gegen die guten Sitten verstößt, nichtig. In § 138 heißt es: »Nichtig ist insbesondere ein Rechtsgeschäft, durch das jemand unter Ausbeutung der Zwangslage, der Unerfahrenheit, des Mangels an Urteilsvermögen oder der erheblichen Willensschwäche eines anderen sich oder einem Dritten für eine Leistung Vermögensvorteile versprechen oder gewähren lässt, die in einem auffälligen Missverhältnis zur Leistung stehen.«

Ein Immobilienkaufvertrag wird als »wucherähnliches Rechtsgeschäft« und damit sittenwidrig eingestuft, wenn ein auffälliges Missverhältnis zwischen Leistung und Gegenleistung besteht und der eine Vertragspartner eine »verwerfliche Gesinnung« im Verhältnis zum anderen hat. Da diese verwerfliche Gesinnung kaum zu beweisen ist, geht die Rechtsprechung davon aus, dass immer dann, wenn das Missverhältnis nicht nur auffällig, sondern sogar besonders grob ist, diese Gesinnung vorhanden ist. Dies ist in der Regel der Fall, wenn der Kaufpreis die Gegenleistung, also den Wert der Immobilie, um 100 Prozent übersteigt.

Für die Beurteilung des Missverhältnisses von Kaufpreis und Immobilie ist der Wert zum Zeitpunkt des Abschlusses des Kaufvertrages ausschlaggebend. Die Ermittlung des Missverhältnisses erfolgt in der Regel über die sogenannte Vergleichswertmethode. Stellt das Gericht die Sittenwidrigkeit, in der Regel im Rahmen des wucherähnlichen Rechtsgeschäftes, fest, ist der Immobilienkaufvertrag von Anfang an unwirksam und er kann rückgängig gemacht werden.

Ziel der Rückabwicklung ist, den Immobilienverkäufer so zu stellen, wie er stehen würde, wenn er den Kaufvertrag nicht geschlossen hätte. Das BGB bietet dabei drei verschiedene Anspruchsgrundlagen: den Anspruch aus ungerechtfertigter Bereicherung, den Anspruch aus Verschulden bei Vertragsschluss sowie den Anspruch aus vorsätzlicher sittenwidriger Schädigung. Die einfachste Möglichkeit des Immobilienkäufers, seine Rechte durchzusetzen, ist, sich auf den Anspruch nach dem Bereicherungsrecht zu berufen.

Angebot und Annahme – so funktioniert ein Kaufvertrag

Ein Kaufvertrag besteht aus zwei Willenserklärungen, dem Angebot und der Annahme. Der Verkäufer verpflichtet sich zur Übereignung und Übergabe der Kaufsache und der Käufer zur Zahlung des Kaufpreises und zur Abnahme der Kaufsache. Gegenstand eines Kaufvertrages kann eine bewegliche Sache, eine Immobilie oder ein Tier sein, aber auch ein Recht, wie eine Forderung, ein Patent oder ein Anteil an einer Sache sowie eine sogenannte Sach- oder Rechtsgesamtheit, zum Beispiel ein ganzes Unternehmen. Der Vertrieb von Dienstleistungen wird umgangssprachlich auch Verkauf genannt, doch handelt es sich hier um keinen Verkauf im juristischen Sinn.

In der Regel ist der Kaufvertrag formfrei und kann sowohl mündlich als auch schriftlich oder durch konkludentes Handeln abgeschlossen werden. Nur für bestimmte Kaufverträge ist eine besondere Form vorgeschrieben. So ist beim Kauf von Immobilien, eines GmbH-Anteils und beim Erbschaftskauf eine notarielle Beurkundung vorgeschrieben.

Kaufvertrag einer Eigentumswohnung

Ein Kaufvertrag für eine Eigentumswohnung muss die Namen und Adressen vom Verkäufer und Käufer sowie den Kaufpreis und die gewünschten Zahlungsmodalitäten enthalten.

Es ist erforderlich, das Objekt genau zu beschreiben entsprechend der Eintragung ins Grundbuch. Bei Eigentumswohnungen wird dabei immer auf die eigentumsmäßige Aufteilung einer Wohnungseigentumsanlage, die sogenannte Teilungserklärung, und auf das in der Gemeinschaftsordnung festgelegte Stimmrecht des Eigentümers innerhalb der Wohnungseigentumsanlage Bezug genommen, die der Käufer unbedingt kennen muss.

Im Kaufvertrag wird ein konkreter Übergabetermin genannt, der meist mit der Zahlung des Kaufpreises zusammenfällt.

Falls noch Schuldlasten auf der Immobilie liegen, müssen diese auch im Kaufvertrag benannt werden. Und es muss festgelegt werden, wie damit umgegangen werden soll.

Ferner werden die Gewährleistungsrechte des Käufers geregelt. Nur beim Kauf von neuen Immobilien besteht per Gesetz eine Gewährleistung für Mängel innerhalb von fünf Jahren. Beim Verkauf einer gebrauchten Immobilie wird der Verkäufer üblicherweise die Gewährleistung ausschließen.

Allerdings darf er keine ihm bekannten Mängel verschweigen, sofern davon auszugehen ist, dass der Mangel für den Käufer von Interesse ist. Ansonsten würde er dafür haften. Der Käufer müsste dann jedoch nachweisen, dass der Verkäufer den Mangel gekannt hat. Da dies im Nachhinein schwierig ist, sollte der Käufer vor dem Erwerb einen Fachmann hinzuziehen und bestehende Mängel in den Kaufvertrag aufnehmen.

Der Käufer einer Eigentumswohnung wird erst Eigentümer, wenn er in das Grundbuch eingetragen ist, und diese Eintragung erfolgt erst nach Zahlung des Kaufpreises. Deshalb wird mit Vertragsschluss im Grundbuch eine sogenannte Auflassungsvormerkung eingetragen. Sie stellt sicher, dass der Verkäufer das Objekt nicht an einen Dritten verkaufen kann.

Im Kaufvertrag kann auch festgelegt werden, dass der wirtschaftliche Übergang des Objekts vor der Eintragung ins Grundbuch stattfinden soll. Mit dieser Eintragung gehen alle Erträge, Kosten und Pflichten der Wohnung auf den Käufer über. Dazu gehören vor allem Mieteinnahmen, die Grundsteuern und das Hausgeld. Handelt es sich um eine vermietete Wohnung, geht das bestehende Mietverhältnis automatisch auf den Käufer über.

Im Kaufvertrag steht stets die Floskel, dass die Vertragspartner keine »Nebenabreden« getroffen und insbesondere den Kaufpreis richtig angegeben haben.

(Eine Liste, welche Punkte bei einem Kaufvertrag zu beachten sind, finden Sie im Anhang auf Seite 203.)

Teilungserklärung – Gemeinschaftsordnung – Eigentumsvormerkung

In der Teilungserklärung ist die eigentumsmäßige Aufteilung einer Wohnungseigentumsanlage aufgeführt. Dort ist beschrieben, welche Räume und Gebäudebestandteile zu den einzelnen Eigentumswohnungen gehören, welche dem Gemeinschaftseigentum zuzuordnen sind und wofür welche Sondernutzungsregelungen bestehen. Die Teilungserklärung muss öffentlich, zum Beispiel durch einen Notar, beglaubigt sein und im Grundbuch eingetragen werden.

Die sogenannte Gemeinschaftsordnung befindet sich fast immer gemeinsam mit der Teilungserklärung in einer Urkunde beim Grundbuchamt. Sie regelt das Innenverhältnis der Eigentümer untereinander. Über die allgemeinen gesetzlichen Vorschriften für das Wohneigentum hinaus findet man hier spezielle Regelungen für die betreffende Wohnanlage.

Aus der Gemeinschaftsordnung ist zu ersehen, wie die Betriebskosten auf die einzelnen Eigentümer umgelegt werden und wie viele Stimmrechte jeder Eigentümer in der Eigentümergemeinschaft hat. Außerdem geht es um Vertretungsvollmachten bei den Eigentümerversammlungen, Vollmachten für den Verwalter sowie um spezielle Regelungen über den Verwaltungsbeirat.

Mit der auf Antrag des Notars vorgenommenen Auflassungsvormerkung oder Eigentumsvormerkung im Grundbuch wird die Wohnung im Prinzip für den Käufer gesichert. Die Vormerkung dient dazu, dass der Käufer den Kaufpreis erst bezahlen muss, wenn sichergestellt ist, dass er die Wohnung auch bekommt und der Verkäufer diese nicht noch einmal an einen anderen Interessenten veräußert.

Die Rolle des Notars

Die Beurkundung des Immobilien-Kaufvertrags durch einen Notar soll dem Schutz von Verkäufer und Käufer dienen. Aufgabe des Notars ist es, dafür zu sorgen, dass beide ihre Rechte kennen und einen juristisch ausgewogenen Vertrag schließen. In der Regel bezahlt der Käufer den Notar, dennoch ist er als neutrale Instanz beiden Seiten zu Diensten.

Falls der Verkäufer eine Privatperson ist, kann die Beurkundung in der Regel kurzfristig erfolgen. Handelt er aber als Unternehmer, muss der Käufer mindestens zwei Wochen vor dem Termin den Vertragsentwurf erhalten, um genügend Zeit zu haben, diesen sorgfältig zu prüfen beziehungsweise prüfen zu lassen. Wenn diese Mindestfrist nicht eingehalten wird, was gerade beim Kauf von Schrott-Immobilien immer wieder geschieht, sollte man als Käufer um eine Verschiebung des Termins bitten.

Vor der endgültigen Ausfertigung des Kaufvertrages müssen etwa bestehende Grundbuchlasten geklärt werden, die Modalitäten für die Zahlung und Übergabe sowie der Umgang mit etwa bestehenden Mietverhältnissen. Deshalb findet oft vor dem Beurkundungstermin beim Notar eine Vorbesprechung statt.

Der Notar ist dazu verpflichtet, beim Beurkundungstermin den Vertragstext vollständig vorzulesen und den Beteiligten die Möglichkeit zu geben, Fragen zu stellen. Er muss die rechtlichen Fragen beider Vertragspartner unparteiisch beantworten. Dabei können auch noch Änderungen im Text vorgenommen werden. Erst wenn alle Beteiligten mit dem Wortlaut einverstanden sind, wird der Kaufvertrag vom Käufer und Verkäufer unterschrieben und der Notar bestätigt mit seiner Unterschrift, dass er den Vertrag amtlich geprüft hat. Außerdem wird das Original beim Notar verwahrt.

Der Notar organisiert auch die Abwicklung des Kaufvertrages, das heißt, er überwacht die Zahlung und die Eigentumsübergabe. Nach Beurkundung des Kaufvertrages schickt der Notar eine Kopie an das zuständige Finanzamt, das dann den Käufer zur Zahlung der Grunderwerbsteuer auffordert. Nach Eingang des Betrages stellt das Finanzamt die sogenannte Unbedenklichkeitsbescheinigung aus, die Voraussetzung für die Umschreibung einer Immobilie ist.

Es ist auch Aufgabe des Notars, zu überprüfen, ob öffentlich-rechtliche Genehmigungen nötig sind, ob die Gemeinde von einem Vorkaufsrecht Gebrauch macht und ob auf dem Objekt aus früheren Finanzierungen noch Grundpfandrechte eingetragen sind. In der Regel wird er beauftragt, alle notwendigen Unterlagen zu beschaffen, entsprechende Anträge zu stellen und die Ablösung und Löschung von eingetragenen Grundschulden und Hypotheken sicherzustellen.

Sobald dies geschehen ist, teilt der Notar es dem Käufer und Verkäufer mit, und der Käufer kann den vereinbarten Preis entweder direkt oder auf ein Konto des Notars, das sogenannte Notaranderkonto, zahlen. Nach Eingang der Zahlung stellt der Notar beim Grundbuchamt den Antrag auf Umschreibung des Eigentums.

Haben Sie Geldsorgen?

Viele Menschen haben, ohne es zu merken, einen immer größeren Berg an Schulden aufgetürmt. Wer heute ein regelmäßiges Einkommen hat und als Beamter oder Angestellter vielleicht sogar beim Staat arbeitet, dem werden die Kredite fast aufgedrängt. Auf jeden Fall wird solchen Arbeitnehmern die Kreditaufnahme besonders leicht gemacht, seien es nun Verbraucherkredite von Banken, Dispokredite oder Kredite im Zusammenhang mit dem Kauf von Autos, Elektrogeräten oder der Buchung von Reisen. Jede Kreditaufnahme wird – oberflächlich betrachtet – so leicht und so einfach wie möglich gestaltet und die eigentlichen Haken und Ösen sind in kompliziertem Deutsch im Kleingedruckten versteckt.

Aber Schulden entstehen auch durch Krankheit, den Verlust des Arbeitsplatzes oder durch eine Scheidung. Wer einmal Bilanz zieht und feststellt, dass er hoch, vielleicht sogar zu hoch verschuldet ist, dem wird im Internet oder in Zeitungsanzeigen schnelle und unkomplizierte Hilfe versprochen. Im Internet findet man neben seriösen, aber meist nicht kostenlosen Angeboten zur Lösung der persönlichen Probleme auch unseriöse, die von den ernsthaften Angeboten nicht oder nur kaum zu unterscheiden sind.

Die Anzeigen oder Internetangebote dienen in der Regel nur dazu, um mit Menschen in Kontakt zu kommen, die durch ihre Probleme psychisch und oft auch gesundheitlich angeschlagen sind und jede Form von Hilfe dankbar annehmen, die einen Weg aus der Misere weist.

Ich habe eine Mitarbeiterin gebeten, sich im Internet zu informieren, welche Angebote es dort zum Thema »Schulden abbauen« gibt. Das Ergebnis war überwältigend. Die Mitarbeiterin fand dazu rund 356 000 Ergebnisse in einer Suchmaschine und daneben natürlich auch noch eine Vielzahl von Anzeigen, die Überschriften trugen wie »Geld leihen in zwei Minuten«, »Jetzt Schulden loswerden« oder auch »Gratis Schuldnerhilfe«.

Auf einigen Seiten bestand die Möglichkeit, sich anzumelden, um dann zusätzliche Informationen abzurufen, auf anderen gab es Gewinnspiele. Jedes Mal aber musste die Mitarbeiterin ihre E-Mail-Adresse angeben. Schon kurze Zeit später erhielt sie Unmengen von E-Mails, die ihr alle Angebote zur Lösung ihrer Probleme versprachen. In den Absenderangaben standen so fantasievolle Bezeichnungen wie »Neuanfang«, »Ohne Schufa«, »Sofortbewilligung«, »Ihr Sofort-Kredit« oder »Keine Schufa«.

Die Angebote selbst reichten von einfachen Texten, bei denen man nur auf den entsprechenden Link klicken musste, um weitergeleitet zu werden, bis hin zu aufwendig gestalteten Seiten, die ebenfalls die unterschiedlichsten Links boten. Auf irgendeinen dieser Links oder Buttons hätte jemand, der echte Finanzprobleme hat, sicherlich sofort geklickt. Da hieß es dann: »Finanziell sorgenfrei. Unverbindlich anfragen. Sofortkredit vom Profi. Unkompliziert und schnell. Bis 100 000 Euro direkt aufs Konto. Ohne Unterschrift des Ehepartners. Niedrige monatliche Rate. Auch bei negativer Schufa.«

Ein anderer Link lautete: »Ihr Kredit steht bereit. Ihr Girokonto ist überzogen? Sie bezahlen überteuerte Zinsen an Ihre Bank? Sie brauchen dringend frisches Geld? Verschaffen Sie sich jetzt finanziellen Spielraum durch einen Sofortkredit. Kredite zur freien Verwendung, auch wenn andere schon abgelehnt haben. Kredit ohne Schufa ist möglich. Niedrige Zinsen, kleine Raten und lange Laufzeiten. Wir arbeiten mit renommierten Partnern zusammen, die oft über 40 Jahre und mehr an Erfahrung verfügen. So bekommen Sie Ihren Wunschkredit schnell, fair und diskret. Jetzt kostenloses Kreditangebot anfordern.«

Diese Angebote hören sich doch ganz fantastisch an. Man braucht es seinem Ehepartner nicht einmal zu erzählen, wenn man die verschiedenen Konsumkredite jetzt in einem neuen Kredit bündelt. Und wo bekommt man mit negativem Schufa-Eintrag sonst noch ein Darlehen?

Man könnte diese Liste noch beliebig fortsetzen. Alles scheint einfach und schnell abzuwickeln zu sein, und die Summen reichen bis zu 200 000 Euro für alle Wünsche. Im Kleingedruckten am Fuß der E-Mails findet man jedoch häufig folgenden Hinweis:

»Sie erhalten diese kostenlosen Informationen, weil Sie sich mit Ihrer E-Mail-Adresse bei einem Gewinnspiel oder einer Internetseite angemeldet haben, bei der unsere Firma Betreiber und/oder Sponsor war und

Sie die jeweiligen Nutzungsbedingungen akzeptiert haben. Das Angebot in dieser E-Mail ist ein Angebot unseres Kunden, der dafür inhaltlich und allein verantwortlich ist. Die versendende Firma übernimmt weder die Haftung, Garantie noch die Verantwortung für den Inhalt dieses Angebots, da sie lediglich der Versender dieser E-Mail ist.«

Es gibt also die unterschiedlichsten Unternehmen, die zwar angeben, nur informieren zu wollen, die aber in Wahrheit Adressen sammeln, um die Besucher dieser »harmlosen Seiten« den Kredit- und Immobilienhaien zuzutreiben. Meine Mitarbeiterin hat es ganz bewusst vermieden, tiefer in diese Angebote einzusteigen, weil ihr durchaus klar war, dass sie immer mehr von sich preisgeben müsste und damit noch tiefer in die Kredit- oder Immo-Falle geraten würde.

Natürlich haben die Immo-Fallensteller stets die attraktivsten Angebote. Sie erklären sich in dem jeder Kontaktaufnahme folgenden Gespräch bereit, sämtliche Schulden zu übernehmen und zu tilgen – wenn, ja wenn der Betroffene sich dazu entschließt, eine vermietete Immobilie zu kaufen. Ihm wird versprochen, dass er mit dem Wohnungskauf nicht nur sofort seine bisherigen Schulden loswerden kann, sondern durch den Verkauf der Immobilie in zehn Jahren dann alle mit dem Erwerb verbundenen Belastungen auf einen Schlag zurückzahlen und auch noch einen zusätzlichen Gewinn kassieren zu können.

Wie das funktionieren soll, steht natürlich weder auf den Internetseiten noch in den Anzeigen. Hier geht es nur darum, die Leute zu ködern und sie anschließend so unter Druck zu setzen, dass sie nicht mehr Nein sagen können. Die meisten Betroffenen erinnern sich später auch nicht mehr an die Argumente, mit denen man sie zum Kauf der Immobilie überredet hat. Alles musste schnell gehen und ohne Zögern erledigt werden, einschließlich des Notartermins.

Das schnelle Geld

Mit dem Ende der DDR kam auch das berufliche Aus für Klaus D. aus Pankow. Er war der Chauffeur einer SED-Politgröße gewesen. Jetzt wurde er nicht mehr gebraucht. Ab Mai 1990 arbeitete er deshalb als selbstständiger Handelsvertreter und war in diesem Beruf auch eine Zeitlang recht erfolgreich. Im Jahr 2007 entschloss er sich, in Berlin eine Eigentumswohnung zu kaufen.

Aus dem Kreis seiner Kunden wurde ihm Frau L. als Vermittlerin empfohlen. Diese fand auch schnell ein passendes Objekt in der Rognitzstraße, das von der CI-City Immobilien Berlinische Wohnungsbaugesellschaft mbH & Co. Rognitzstraße KG verkauft wurde. Finanziert wurde die Wohnung von der GMAC-RFC-Bank GmbH. Die Finanzierung wird heute unter dem Namen Paratus AMC GmbH fortgeführt. Die Beurkundung des Vertrages fand am 12. September 2007 statt.

Schon wenige Monate nach dem Kauf geriet Klaus D. in finanzielle Schwierigkeiten. Als Lösung dieser Probleme empfahl ihm Frau L. den Kauf einer weiteren Wohnung. Im Januar 2008 hatte sie dann auch ein geeignetes Objekt an der Hand. Und natürlich wurde ganz kurzfristig für den 23. Januar 2008 ein Notartermin vereinbart. Doch jetzt wollte Klaus D. jedoch das Objekt vor dem Kauf besichtigen. Seine erste Wohnung hatte er noch blind, nur nach der Beschreibung im Angebot, gekauft.

Diese zweite Wohnung lag in Berlin-Steglitz in einem Eckgebäude, wo sich Klaus D. mit dem Verkäufer Torsten M. von TK Immobilien traf. Die Räume waren seit 1982 an einen Kinderladen vermietet, der als eingetragener Verein organisiert ist. Es handelte sich also nicht um eine Wohnung, sondern um eine Gewerbeimmobilie. Das wurde bei der Besichtigung nicht gesagt und war auch nicht ohne Weiteres zu erkennen. Deutlich erkennbar war jedoch der schlechte Zustand der Räume.

Angesichts der augenfälligen und sofort auch für Laien sichtbaren baulichen Mängel lehnte Herr D. den Kauf der Wohnung ab. »So nicht!«, sagte er. Sofort lenkte Torsten M. ein. Natürlich werde er alles Erforderliche tun, um die Mängel zu beseitigen. Außerdem würde er auch einen Mietausgleich zahlen, damit sich die finanziellen Belastungen für Klaus D. in Grenzen hielten.

Also erstellte Klaus D. eine Mängelliste, die er Herrn M. per E-Mail sandte. Am 31. Januar 2008 erhielt er daraufhin über Frau L. ein neues Kaufangebot und den Entwurf einer Zusatzvereinbarung, die er sorgfältig durchsah und mit seinen Fragen und Anmerkungen sowie der Bitte, ihm noch weitere Dokumente zuzusenden, zurückschickte.

Insgesamt kam ihm das Kaufangebot aber trotzdem recht merkwürdig vor. Der Notar, bei dem der Kauf beurkundet werden sollte, war bereits namentlich genannt. Dafür wich die Adresse des Verkäufers Torsten M. von der Adresse ab, die auf seiner Visitenkarte stand. Eine Anschrift des Kaufobjekts existierte überhaupt nicht. Da es ein Eckhaus war, hätten es sogar zwei Straßennamen bezeichnen können. Die Grundbucheintragungen wurden als bekannt vorausgesetzt und lagen nicht bei. Ebenso fehlten die Teilungserklärung und die Gemeinschaftsordnung.

Überraschend stellte sich außerdem noch heraus, dass die eigentlich 87 Quadratmeter große Wohnung nur 78 Quadratmeter groß war. Nur ein Zahlendreher? Nachdem dann einen Tag später der Grundbuchauszug, die Flurkarte, die Teilungserklärung und ein neuer Vorschlag für die Zusatzvereinbarung per E-Mail bei Klaus D. eingingen, kam es am Nachmittag desselben Tages noch zum Notartermin. Hierbei wurde der Verkäufer durch einen bevollmächtigten Mitarbeiter vertreten.

Als der Notar mit dem Verlesen des Vertragstextes begann und Klaus D. noch offene Fragen geklärt haben wollte, hieß es, das käme später. Dabei ging es tatsächlich um Abweichungen zwischen dem Angebot und den vertraglichen Vereinbarungen. Klaus D. ließ sich aber nicht einschüchtern und forderte den Notar immer wieder auf, ihm bestimmte Textpassagen zu erläutern.

Bei Themen wie Auflassungsvormerkung und Notaranderkonto sowie hinsichtlich der im Grundbuchauszug stehenden Belastungen war dieser recht auskunftsfreudig. Als es aber darum ging, die Rechte des Käufers bei möglichen Mängeln zu präzisieren, hieß es nur, dass das nicht im Kaufvertrag zu regeln sei.

Hinsichtlich der Formulierungen zur Wohnungsgröße und der aktuellen Miethöhe befand der Notar, das könne so nicht stehen bleiben, das müsse geändert werden. Deshalb schickte man Klaus D. ins Vorzimmer, damit sich der Notar und der Mitarbeiter des Verkäufers über die notwendigen Änderungen beraten könnten. Dann ging die Verlesung weiter. Jetzt standen zwei neue und völlig anderslautende Zeilen im Vertrag. Klaus D. hielt es für wichtig, dass im Kaufvertrag die Größe der Wohnung exakt definiert wird. Der Notar vertrat die Ansicht, dass dies im Kaufvertrag nichts zu suchen habe. Warum eigentlich nicht?

Bei allem Hin und Her während des Notartermins übersah Herr D., dass in dem Notarvertrag von einer gewerblichen Immobilie die Rede war und nicht von einer Wohnung. Im Kreditantrag an die Bank wurde dann als Kaufobjekt sogar eine »Wohnung zur Eigennutzung« angegeben. Dies hat die Bank auch nicht hinterfragt, obgleich ihr sowohl der Notarvertrag über den Kauf einer Gewerbeimmobilie als auch der Mietvertrag für gewerbliche Räume vorlagen. Man drückte offensichtlich beide Augen zu, weil ein Kredit für eine selbst genutzte Wohnung einfach schneller durchzuwinken war.

Die weiteren offenen Fragen sowohl hinsichtlich der baulichen Mängel als auch der finanziellen Besserstellung von Klaus D. wurden zwar noch in den Räumen des Notars, aber nicht mehr in seinem Beisein verhandelt. Mit dem Mitarbeiter von Torsten M. schloss Klaus D. dann zwei Vereinbarungen, eine zur baulichen Instandsetzung und eine über die »Kostenerstattung zu Rücklagen aus dem Sonder- und Gemeinschaftseigentum«.

Wieso diese Rücklagen im Zusammenhang mit Wohnungsmängeln ausgezahlt werden sollten, ist unklar. Immerhin handelte es sich um rund 25 000 Euro, die Klaus D. erhalten sollte. Tatsächlich bezahlt wurden davon aber nur 8000 Euro. Wahrscheinlich handelte es sich um eine sogenannte Kick-Back-Zahlung des Verkäufers, um den Käufer zu ködern und den Kaufpreis niedriger erscheinen zu lassen. Schließlich hatte Klaus D. die Wohnung ja auch eigentlich nur gekauft, um seine finanzielle Situation zu verbessern.

Ein paar Monate nach dem Kauf der Wohnung erhielt Klaus D. ergänzend zur Mietgarantie, noch eine sogenannte Überschusszahlung in Höhe von 100 Euro monatlich auf sein Konto überwiesen. Eine Instandsetzung fand nicht statt.

Ende 2008 war Klaus D. klar, dass er eine vollkommen überteuerte Schrott-Immobilie gekauft hatte, weil die Mängel nicht beseitigt worden waren und auch keine weiteren Zahlungen eingingen. Die mit dem Immobilienerwerb verbundenen Kosten hatte zwar der Verkäufer zur Gänze übernommen, aber letztlich aus dem überhöhten Kaufpreis bezahlt.

Am 13. Oktober 2010 erlitt Klaus D. dann einen heftigen Schlaganfall, der wahrscheinlich durch den Stress, der mit dem Wohnungskauf verbunden war, verursacht worden war und unter dessen Folgen er heute noch leidet. Eine andere Anwaltskanzlei sah sich außerstande, Klaus D. juristisch in geeigneter Weise zu unterstützen, und so erhielt er von einem Wohnungseigentümer aus demselben Objekt den Tipp, sich an mich zu wenden.

Als Herrn D. im Jahr 2011 klar wurde, dass er keine Wohnung gekauft hatte, die nur gewerblich genutzt wurde, sondern Gewerberäume, erkundigte er sich beim zuständigen Amt, ob eine Umwandlung der Gewerbefläche in Wohnraum möglich sei. Die Antwort lautete, dass dies zurzeit nicht der Fall sei, und wenn es zu einem späteren Zeitpunkt möglich werden sollte, dann nur unter Beachtung größerer Auflagen. Die Umbaumaßnahmen würden rund 10 000 Euro kosten.

Allerdings müssten zu dieser Umwandlung von Gewerberaum in Wohnraum auch noch alle Mitglieder der Eigentümergemeinschaft einstimmig ihr Einverständnis geben. Dies hält die Hausverwaltung allerdings für ausgeschlossen, da es sich um rund 30 Miteigentümer handelt und zumindest von einem nicht einmal eine ladungsfähige Anschrift bekannt und deshalb diese Zustimmung nicht einzuholen sei.

Da Klaus D. heute erwerbs- und arbeitsunfähig ist, hat er lediglich einen Anspruch auf Arbeitslosengeld in Höhe von 850 Euro. Dem stehen Schulden von insgesamt 250 000 Euro für die beiden Immobilien gegenüber. Besonders tragisch ist, dass Klaus D. auch noch für seinen an den Rollstuhl gefesselten Sohn sorgen muss.

Wie ist dieser Fall zu bewerten?

Die Initiative zum Kauf der ersten vermieteten Eigentumswohnung ging hier ausnahmsweise vom Käufer selbst aus, der nach einer Kapitalanlage suchte. Damit war er ins Visier der Immo-Fallensteller geraten. Im Nachhinein sieht er es so, dass er auch schon beim Kauf dieser Wohnung zu vertrauensvoll gehandelt hatte. Problematisch wurde es allerdings in dem Moment, als er in finanzielle Schwierigkeiten geriet und ihm der Kauf einer zweiten Wohnung als Lösung seiner Probleme empfohlen wurde.

Zunächst machte Klaus D. noch alles richtig, indem er nämlich die Wohnung besichtigte und wegen der baulichen Mängel den Kauf zunächst ablehnte. Natürlich versuchte der Verkäufer ihn umzustimmen und versprach ihm alles Mögliche. Trotzdem stimmte Klaus D. nicht einfach zu, sondern forderte vor dem Kauf eine ganze Reihe von Unterlagen an. Auch beim Verlesen des Vertragstextes beim Notar hatte er Fragen, die dem Notar allerdings nicht so recht ins Konzept passen wollten. Schließlich kam dieser aber nicht umhin, Änderungen am Kaufvertrag vornehmen zu müssen.

Wie in so vielen anderen Fällen auch, wurde die Beseitigung der baulichen Mängel nicht in den Kaufvertrag aufgenommen, sondern ohne Notar gesondert verhandelt.

Was Klaus D. wahrscheinlich am stärksten motiviert hat, den Kaufvertrag zu unterschreiben, war die Aussicht, unbürokratisch und in bar 25 000 Euro zu erhalten. Dass die Begründungen dafür ziemlich fadenscheinig waren, dürfte er angesichts seiner finanziellen Situation nur als nebensächlich betrachtet haben.

Eine Chance, seine Schulden zu tilgen, hat Klaus D. nach dem Schlaganfall definitiv nicht mehr. Aus seiner Tätigkeit als Versicherungsmakler fließen auch keine Bestandsprovisionen, sondern nur anteilige Courtagezahlungen, wenn ein Kunde seinen Vertrag verlängert. Diese Einnahmen sind jedoch so gering, dass sie bei der Zahlung des Arbeitslosengeldes keine Rolle spielen.

Die besten Chancen für Klaus D. boten sich in einer außergerichtlichen Einigung mit den beiden Banken, die seine Wohnungen finanziert hatten. Dass es sich bei einer der erworbenen Immobilien nicht um eine Wohnung handelte, sondern um Gewerberäume, machte die abschließende Verwertung schwierig. Die Preise für Gewerberäume sind eben geringer, und es gibt dafür kaum Kaufinteressenten.

Inzwischen ist die Angelegenheit so gut wie erledigt. Die Banken verwerten die Immobilien im Rahmen einer Zwangsversteigerung, ohne dass das Ergebnis der Verwertung noch irgendeinen Einfluss auf weitere Zahlungsverpflichtungen hat, weil die Forderungen der Banken damit niedergeschlagen beziehungsweise wegen Aussichtslosigkeit nicht mehr weiterverfolgt werden.

Die falsche Adresse

Viele Versicherungs- und Bausparkassenvertreter, die selbstständig als freie Handelsvertreter arbeiten und Vermittlerprovisionen kassieren, haben ihren Schreibtisch sozusagen als Untermieter in den Räumen von Banken oder Sparkassen stehen. Sie sind aber weder angestellte Mitarbeiter dieser Finanzinstitute noch der Versicherungen oder Bausparkassen. Trotzdem schieben ihnen die Banken und Sparkassen ihre Kunden zu, manchmal auch versehen mit Informationen über deren Bonität, die eigentlich vertraulich bleiben müssen.

Wer über Jahrzehnte Geld auf sein Sparbuch eingezahlt hat und dann merkt, wie die Zinsen immer geringer werden, macht sich schon Gedanken darüber, ob es nicht bessere Geldanlagen geben könnte. Im Gegensatz zu Aktien und Fondsanteilen, denen viele Menschen misstrauisch gegenüberstehen, scheint der Besitz einer Immobilie eine sehr solide Geldanlage zu sein, vor allem dann, wenn die Medien ständig über deren exorbitante Preissteigerungen berichten.

Deshalb entschließen sich viele Kapitalanleger, eine vermietete Immobilie zu kaufen – aus Angst, dass ihnen die Preise davonlaufen und sie keinen Anteil mehr am großen Gewinn abbekommen, der nur unter den anderen Immobilienkäufern verteilt wird. Und da der von der Bank oder Sparkasse empfohlene Berater ja im selben Haus sitzt, bekommt dieser von vornherein einen Vertrauensvorschuss, den er dann im ungünstigsten Fall auch weidlich ausnutzt.

Ein Selbstbedienungsladen für Bankberater

Da es sich im folgenden Fall um eine besonders dreiste Form der Abzocke handelt und das involvierte Finanzinstitut in höchst verantwortungsloser Weise mit Kundendaten umgegangen ist, habe ich meinen Mandanten gebeten, selbst über das zu berichten, was ihm widerfahren ist.

Eine Besonderheit dieser Geschichte besteht darin, dass sich mein Mandant, ein gering verdienender Museumsangestellter, verpflichten musste, keine Veröffentlichungen über seinen Fall in der Presse zu unterstützen, um überhaupt einen kleinen Teil seines eingesetzten Vermögens zu retten. Die Namen aller Beteiligten wurden deshalb anonymisiert. Aber lesen Sie selbst, was Kurt N. erlebt hat:

»Am 29. August 2003 rief mich Herr M. an und stellte sich mir als neuer Gebietsleiter Dresden der Vermögensberatung meiner Bank vor. Ich hatte zu jener Zeit bei der Bank mehrere Konten. Da er als Vermögensberater Einsicht in die Kontostände der Bankkunden hatte, war es für ihn ein Leichtes, festzustellen, dass ich auf meinen Konten im Laufe meines Lebens in erster Linie durch Sparsamkeit größere Beträge angesammelt hatte.

Mein Ziel war es, mein Geld sicher anzulegen. Herr M. machte den Vorschlag, mir günstigere Vermögensanlagen zu vermitteln, die höhere Zinsen bei gleichzeitig geringerer Besteuerung bringen sollten. Ich schlug dieses Beratungsangebot nicht aus, da ich speziell in diese Bank großes Vertrauen hatte.

Im Laufe der folgenden Jahre wurden mir von Herrn M. verschiedene Beteiligungen und andere Geldanlagen sowie im Jahr 2004 zwei Lebensversicherungen verkauft. Die Verkaufsgespräche fanden meist in seinem Büro in den Geschäftsräumen der Bank statt. Manchmal besuchte er mich allerdings auch zu Hause und lernte so meinen Lebensstil kennen. Er wusste also, dass ich nicht über meine Verhältnisse lebte und meine Ansprüche in vertretbaren Grenzen hielt. Ich war weder auf der Jagd nach dem schnellen Geld noch war ich bereit, große Risiken einzugehen.

Heute weiß ich, dass es sich bei den mir vermittelten Anlagen zum Teil um hoch spekulative Investments handelte, was aber damals nicht erwähnt wurde. Ich hatte immer den Eindruck, dass mein Geld absolut sicher angelegt sei. So kam ich in den Besitz von Schiffsbeteiligungen, hielt Anteile ausländischer Immobilienfonds und schloss auch zwei Lebensversicherungen ab. Herr M. verstand es, ein Vertrauensverhältnis zu mir aufzubauen, sodass ich in ihm fast einen Freund sah, der mich in finanziellen Fragen beriet.

Offensichtlich war ich ihm so wichtig, dass er mich auch zu verschiedenen Veranstaltungen der Vermögensberatung einlud, wozu unter anderem auch eine zweitägige Busreise gehörte. Natürlich gefiel es mir, dass man mich vonseiten meiner Bank ernst nahm und als wichtig ansah. Aus heutiger Sicht handelte es sich bei diesen Veranstaltungen wahrscheinlich eher um ›Kaffeefahrten für Finanzprodukte‹. So erhielten wir zum Beispiel einmal erst von externen Referenten Informationen über die Sicherheit der Hochseeschifffahrt und dann eine Vorstellung von verschiedenen Formen von Schiffsbeteiligungen. An diesen Veranstaltungen nahmen in der Regel 20 bis 50 Kunden teil.

Ende 2007 bot mir Herr M. eine Eigentumswohnung in Henningsdorf zum Kauf an. Die Stadt Henningsdorf liegt westlich von Berlin im sogenannten Speckgürtel und hat sowohl als Wohn- wie auch als Wirtschaftsstandort einen guten Ruf. Herr M. pries die vermietete Wohnung als krisensichere Geldanlage. Der Wohnkomplex sei schließlich erst vor wenigen Jahren neu erbaut worden und würde somit alle Anforderungen, die man an eine werthaltige Geldanlage stellt, erfüllen.

Ich verzichtete auf eine Besichtigung, und Herr M. verkaufte mir die 91,67 Quadratmeter große Wohnung für 185 000 Euro, wovon 150 000 Euro durch ein Darlehen der Bausparkasse der Bank abgedeckt wurden, das er ebenfalls vermittelte. Als zusätzliche Sicherheit wurde ich gebeten, meine beiden Lebensversicherungen an die Bausparkasse abzutreten.

Schon drei Monate später forderte mich Herr M. auf, eine weitere Eigentumswohnung in Henningsdorf zu kaufen. Dies sei als Vorsorge gegen die drohende Inflation für mich dringend geboten. Ich sträubte mich zunächst. Herr M. machte verschiedene Ausflüchte und rückte dann mit der Erklärung heraus, dass er dringend Bargeld benötige. Erst in diesem Moment wurde mir klar, dass Herr M. nicht als Vermittler eines Immobilienkaufs auftrat, sondern dass ihm auch diese zweite Wohnung ebenso wie die erste persönlich gehörte und also für ihn als Verkäufer durchaus eigene Interessen im Spiel waren.

Da wir ja nun schon über mehrere Jahre vertrauensvolle und, man konnte fast sagen, freundschaftliche Beziehungen hatten, war es mir auch in gewisser Weise unangenehm, ihn in einer prekären Situation hängen zu lassen. Also willigte ich in den Kauf der zweiten Wohnung ein. Diese kostete allerdings schon 320 000 Euro, wovon 185 000 Euro durch die Bausparkasse finanziert wurden.

Die restlichen 135 000 Euro, meinen persönlichen Eigenkapitalanteil, konnte ich nur bezahlen, weil Herr M. die mir in den Jahren zuvor verkauften Fondsanteile und Schiffsbeteiligungen für die Bank zurückkaufte. Bedauerlicherweise lag der Rückkaufpreis deutlich unter dem ursprünglichen Verkaufspreis, was mir Herr M. damit erklärte, dass dies dem Fall des Dollarkurses zuzuschreiben sei. Meine im Laufe von Jahren aufgebauten Finanzreserven waren jetzt durch den Kauf der beiden Wohnungen praktisch vollkommen erschöpft.

Die beiden Notartermine hat Herr M. immer sehr kurzfristig organisiert, was er mit der Einhaltung von Fristen begründete. Herr M. und der Notar waren, wie ich merkte, gut miteinander bekannt und arbeiteten sozusagen Hand in Hand. Vor den Terminen erinnerte mich Herr M. stets daran, dass ich auf die Frage, ob ich die Kaufverträge fristgerecht zuvor erhalten hätte, nur nicken sollte. Er wollte mich schließlich nicht nötigen, die Unwahrheit zu sagen, aber es wäre auch nicht zweckmäßig, den zeitlichen Ablauf des Kaufs durch solche Kleinigkeiten durcheinanderzubringen.

Die Mieteinnahmen hielten sich mit den Darlehensraten für die Bausparkasse und das zu zahlende Hausgeld unter Einbeziehung der monatlichen Steuerersparnisse ungefähr die Waage. Es war jedoch ein sehr labiles Gleichgewicht.

In einem Gespräch wies mich ein Bekannter eher zufällig darauf hin, dass mein Eintritt ins Rentenalter und damit der Wegfall der Steuervorteile mit dem Ablauf der Zinsbindung bei der Bausparkasse im Jahr 2017 zusammenfiel, sodass ich dann mit einer monatlichen Unterdeckung rechnen müsse.

Herr M. sah dieses Problem nicht. Er hatte mir von Anfang an versichert, dass durch den Verkauf der Wohnungen zu diesem Zeitpunkt allein schon durch die allgemeine Geldentwertung ein deutlich höherer Kaufpreis als der von mir gezahlte erzielt werden könnte. Die Tilgung der Darlehen und die Beendigung der Darlehensverträge seien also kein Problem. Außerdem hatte er mir zugesagt, für mich den Verkauf zu übernehmen, wenn es notwendig wäre.

Mein bedingungsloses Vertrauen war aber dennoch erschüttert. Um auf Nummer sicher zu gehen, zeigte ich die Kaufunterlagen der Verbraucherzentrale Sachsen, die mir riet, einen Anwalt einzuschalten. Besonders der Kaufpreis der zweiten Wohnung sei weit überhöht, woraus auch ein Missverhältnis zwischen Kaufpreis und Miete resultierte.

Ich suchte mir einen Anwalt vor Ort, der mir schon bei der ersten Beratung erklärte, dass es sich zumindest beim Kauf der zweiten Wohnung um Wucher handele, der gegebenenfalls zu einer Rückabwicklung des Kaufs führen könnte. Ob ich damit allerdings Erfolg haben würde, sei nicht sicher. Und selbst wenn ich erfolgreich wäre, sei es fraglich, ob von Herrn M. das gezahlte Geld eingetrieben werden könnte. Insgesamt würden bei einer Rückabwicklung auch erhebliche Kosten unter anderem für ein Wertgutachten der Wohnung anfallen.

Ich versuchte daher zunächst, mich mit Herrn M. ohne Anwalt zu einigen. Das Gespräch fand nicht mehr in Dresden statt, sondern in den Geschäftsräumen der Finanzberatung in Berlin. Herr M. wurde dabei von Herrn U. unterstützt, der Gebietsdirektor der Finanzberatung für Berlin war.

Herr U. machte mir klar, dass es sich bei diesem Kauf um einen Vertrag nach dem bürgerlichen Recht zwischen zwei Privatpersonen handele. Die Finanzberatung sei in keiner Weise involviert. Eine genaue Wertbestimmung sei bei Immobilien praktisch nicht möglich, und es gehöre zu den Pflichten des Käufers, den Kaufpreis vorher kritisch zu prüfen und damit nicht bis nach dem Kauf zu warten.

Schließlich rechnete mir Herr U. noch vor, dass abweichend von den Angaben in den Kauf- und Mietverträgen der Grundfläche der Wohnung auch noch eine halbe Dachterrassenfläche zuzurechnen sei. Die Grundfläche sei mit 134 Quadratmetern also deutlich größer, als von mir angenommen. Da die Bausparkasse ein Darlehen in Höhe von 185 000 Euro für die Wohnung gewährt habe, sei sie intern von einem Verkehrswert in Höhe von 261 000 Euro ausgegangen.

Zwischen dieser bausparkasseninternen Wertschätzung und dem bezahlten Verkaufspreis in Höhe von 320 000 Euro bestünde also lediglich eine Differenz von 59 000 Euro. Es sei also nur diese verhältnismäßig niedrige Summe, um die es sich bei einer Rückabwicklung drehen könne. Die beiden Herren boten mir an, diese Wertdifferenz durch eine einmalige Zahlung von 32 000 Euro zu kompensieren. Das sei mehr als die Hälfte der aus ihrer Sicht strittigen Summe. Ob ich auf juristischem Wege im Vergleichsfall genauso viel bekommen würde, könne mir niemand garantieren.

Ich stimmte schließlich zu, um eine im Ergebnis ungewisse und teure juristische Auseinandersetzung zu vermeiden. Allerdings forderten die Herren von mir im Gegenzug für ihre ›kulante‹ Regelung, dass ich mich verpflichte, zukünftig keine juristischen Schritte gegen Herrn M. einzuleiten und keine Veröffentlichungen in der Presse zu unterstützen. Zu dieser Zeit war nämlich das Finanzinstitut meines Vertrauens in den Medien ganz erheblich in Verruf geraten.

Im Januar 2010 trafen dann tatsächlich die 32 000 Euro auf meinem Konto ein. Zu meinem Erstaunen war diese Zahlung aber nicht von Herrn M. getätigt worden, der ja von mir den Kaufpreis für die Wohnung erhalten hatte, sondern von meiner Bank selbst. Kurz danach wechselte Herr M. von Dresden nach Berlin und war für mich nicht mehr zuständig.

Jetzt tat ich das, was ich von Anfang an schon hätte tun sollen. Ich erkundigte mich bei Maklern in Henningsdorf nach dem Wert meiner beiden Wohnungen. Dabei stellte ich fest, dass der von mir bezahlte Kaufpreis tatsächlich vollkommen überhöht war und die Berechnungen von Herrn M. und Herrn U. bei unserem Gespräch in Berlin keinen Bezug zur Realität hatten.

Deshalb wendete ich mich an den Rechtsanwalt Hilmar Pickartz. Er schlug vor, eine außergerichtliche Einigung zur Abwicklung der Darlehensverträge herbeizuführen, da für das Anstreben einer Rückabwicklung des Kaufvertrags inzwischen die Fristen verstrichen waren.

Die erste Wohnung wurde für 80 000 Euro und die zweite für 110 000 Euro verkauft. Der Erlös ging an die darlehensgebende Bausparkasse, ebenso wie die als Sicherheit verpfändeten Lebensversicherungen. Von den 32 000 Euro, die mir meine Bank zurückerstattet hatte, musste ich außerdem 30 000 Euro an die Bausparkasse bezahlen, um den Kredit damit endgültig abzulösen. Damit war mein Kontostand wieder bei Null angekommen.«

Abschließende Beurteilung

Dies ist ein besonders krasser Fall von Vertrauensmissbrauch und Sittenwidrigkeit. Dass ein Vermögensberater seinen Kunden eigene Immobilien verkauft, kommt allerdings nur selten vor. Meistens funktioniert er nur als Vermittler, der für sein schäbiges Handeln satte Rückvergütungen vonseiten des Verkäufers kassiert, von denen sein argloser Kunde natürlich nichts erfährt.

Die häufigsten Geschäfte, die diese selbstständigen Vermögensberater unter dem Deckmantel großer Banken betreiben, richten sich allerdings eher auf hochriskante Formen der Geldanlage, wie sie auch meinem Mandanten zunächst verkauft worden sind.

Für die Kunden, die solche Beratungen in den Räumen der Banken in Anspruch nehmen, erscheinen die Berater immer wie fest angestellte Mitarbeiter der Bank, die nur in deren Auftrag und nach deren Regeln handeln. Selbstverständlich tun diese Berater auch alles dafür, dass dieser falsche Anschein möglichst lange gewahrt bleibt.

Natürlich hätten bei der kreditgebenden Bausparkasse die Alarmglocken läuten müssen, wenn sie feststellt, dass einer ihrer Kreditvermittler Geschäfte mit sich selbst in die Wege leitet und offensichtlich Preise für den Verkauf seiner Immobilien verlangt, die ganz erheblich über dem Marktwert liegen. Da aber die Provisionen der Mitarbeiter beim Verkauf eines Kreditvertrages mit dessen Höhe steigen, werden hier alle Beteiligten großzügig ein Auge zugedrückt haben.

Gerade weil mein Mandant über eigene Finanzmittel verfügt hat, die man ihm auf schäbige und betrügerische Weise abgeschwindelt hat, und sowohl der Vermögensberater als auch die Bank und die Bausparkasse praktisch schadensfrei aus der Situation hervorgegangen sind, muss man hier ein besonders verwerfliches Verhalten unterstellen.

Auf solche Freunde soll man nicht bauen

Oft locken einen nicht Fremde in die Immo-Falle, sondern Freunde, Familienangehörige oder Arbeitskollegen. Sie tun dies nicht aus Boshaftigkeit, sondern vielleicht nur aus Habgier, weil sie hoffen, auf diese Weise schnell und einfach Geld verdienen zu können, oder weil sie tatsächlich glauben, denjenigen, die sie zu den Vermittlern und Verkäufern von Schrott-Immobilien schleppen, tatsächlich einen Gefallen zu tun.

Meistens sind es Einsteiger in sogenannte Strukturvertriebe, die über Anzeigen oder über das Internet mit dem Versprechen hoher Verdienstmöglichkeiten geködert worden sind. Beim Bewerbungsgespräch wird ihnen dann klargemacht, dass sie Erfahrungen im Verkauf sammeln und zunächst einmal Kunden in ihrem direkten Umfeld werben müssen, bevor sie an die »heißen« Großkunden kommen. Das leuchtet ihnen ein. Dass sie als »kleine Fische« nur Köder sind, die die Opfer zu den großen Haien locken sollen, ist ihnen nicht bewusst.

Oft wird ihnen angeboten, selbst eine Wohnung zum »Vorzugspreis« in einem Objekt zu erwerben, in dem sie dann weitere verkaufen sollen. Dürfen sie dieses Angebot ablehnen? Nein, sie müssen es annehmen. Wer selbst keine Wohnung kauft, kann auch anderen keine verkaufen, heißt es dann rigoros. Wer selbst nicht kauft, erhält auch keine Verkaufsunterlagen, er gehört nicht dazu, er wird ausgeschlossen und weggeschickt. Eine demütigende Erfahrung, die niemand machen möchte, der sich gerade auf der Straße zum Erfolg wähnt.

»Frischfleisch« nennt man diese Verkäufer in der Branche. Niemand erwartet, dass sie nachhaltig erfolgreich sind und Karriere im Vertrieb machen werden. Sie kaufen eine Wohnung für sich selbst und verkaufen, wenn sie Glück haben, noch ein oder zwei andere. Und wenn ihre Kunden dann merken, dass sie hereingelegt worden sind, wird weder die Familie noch der Freundeskreis ihnen mit Trost und Verständnis zur Seite stehen.

Die Einzigen, die »Verständnis« für sie haben, sind ihre Auftraggeber, jedenfalls so lange, wie noch Hoffnung besteht, dass sie weitere Verkäufe tätigen, oder so lange, wie der Immobilienvertrieb noch existiert. Doch dann stehen diese Verkäufer endgültig im Abseits. Wer einmal als Vermittler von Immobilienhaien auf die schiefe Bahn gebracht worden ist, hat es besonders schwer, wieder in ein normales Leben zurückzufinden.

Viel nützt auch viel – nicht kleckern, sondern klotzen

Andreas H. und Peter T. waren schon seit vielen Jahren gut miteinander befreundet. Sie hatten immer fleißig gearbeitet und sparsam gelebt. Im Hinblick auf den bevorstehenden Ruhestand von Andreas entschieden sie sich, gemeinsam eine Eigentumswohnung zu kaufen und dann in diese einzuziehen, um so ihre Lebenshaltungskosten zu senken. Also hielten sie im Internet nach einer Wohnung in und um Frankfurt Ausschau, die nicht zu teuer und für sie bezahlbar wäre.

Als sie ein geeignetes Objekt gefunden hatten, stellten sie schnell fest, da sie zuvor so etwas noch nie gemacht hatten, dass die Preisverhandlungen mit dem Makler, der Kaufvertrag und die Kreditaufnahme bei einer Bank für sie selbst viel zu kompliziert waren. Aus dem Bekanntenkreis wurde ihnen deshalb Herr G., ein Finanzberater, empfohlen, der sie bei der Abwicklung des Wohnungskaufs unterstützen könnte. Alles ging mit seiner Hilfe gut und problemlos über die Bühne.

Nachdem Andreas und Peter in ihre neue Wohnung gezogen waren, hielt dieser Finanzberater weiter Kontakt zu ihnen und stellte ihnen immer neue Modelle zur Geldanlage und zum Steuersparen vor, bis hin zur Beteiligung am Bau eines Kraftwerks. Das lag für Andreas und Peter einfach zu weit weg von ihrer Alltagserfahrung. Sie waren zwar an Vorschlägen interessiert, aber es sollte schon etwas Solides sein. Doch Herr G. ließ nicht locker. Er gab Andreas und Peter das Gefühl, mit den Steuern ihr Geld zum Fenster hinauszuwerfen und später als Rentner völlig mittellos dazustehen.

Eines Tages machte Herr G. ihnen einen Vorschlag, dem sie einfach nicht widerstehen konnten: Es gebe die Möglichkeit, in der Nähe von Köln vermietete Eigentumswohnungen zu kaufen, die sich durch die Mieteinnahmen selbst finanzieren würden und die man in ein paar Jahren beim endgültigen Eintritt in die Rente mit Gewinn wieder verkaufen könnte. Die Finanzierung durch eine Bank zu 100 Prozent sei so angelegt, dass praktisch schon von Anfang an jeden Monat ein paar Hundert Euro an Überschuss erwirtschaftet werden würden.

Die Gelegenheit sei so günstig, dass es sich nicht lohnte, nur eine Wohnung zu kaufen. Auch dem Verkäufer käme es darauf an, »richtige« Investoren zu finden, um Zeit und Geld zu sparen. Wenn jeder von den beiden bereit wäre, drei Wohnungen zu kaufen, käme man ins Geschäft. Andreas und Peter waren von der Vorstellung, ohne Risiko und ohne etwas investieren zu müssen Gewinne zu machen, total überwältigt. Es kam ihnen gar nicht in den Sinn, sich zu fragen, warum nicht auch alle anderen Menschen auf diese Weise ihr Geld verdienen.

Da sich die beiden beim Kauf ihrer Wohnung von Herrn G. gut beraten gefühlt hatten, vertrauten sie ihm voll und ganz. Er würde auch beim Kauf dieser Wohnungen alle Formalitäten für sie übernehmen. Die einzige Unterlage, die er bräuchte, seien ihre Lohnabrechnungen, um mit der Sparkasse in Köln, die die Finanzierung übernehmen wollte, alle Details zu regeln.

Die sechs Wohnungen, die er ihnen für insgesamt rund 400 000 Euro anbot, waren Teil eines großen Gebäudekomplexes, und die Fotos, die er vorlegte, zeigten attraktive, frisch renovierte Wohnungen, die ebenfalls in diesem Haus lagen. Bilder der zu erwerbenden Wohnungen könne er ihnen leider nicht präsentieren, da die dortigen Mieter das Fotografieren nicht erlaubt hätten.

Am 20. Oktober 2010 erhielten Andreas und Peter dann von dem Notar, den ihnen der Verkäufer, die Firma Confidencial Projekt & Investment GmbH, vorgeschlagen hatte, den Entwurf des beabsichtigten Kaufvertrages. Als Beurkundungstermin wurde von ihm der Samstag, 23. Oktober, um 11.00 Uhr festgesetzt. In dem Vertragsentwurf stand einleitend Folgendes:

»Da es sich bei dem Veräußerer um einen Unternehmer handelt, sollte dem Erwerber ein objektbezogener Musterentwurf mindestens 14 Tage vor der Beurkundung vorgelegen haben, sodass ausreichend Zeit für die Kenntnisnahme des Entwurfes und Besprechung von Vertragsänderungen wäre. Dieser Zeitraum konnte bei der heutigen Beurkundung nicht eingehalten werden. Der Erwerber erklärt jedoch, dass die Beurkundung auch auf seinen ausdrücklichen Wunsch stattfindet und er bereits über Erfahrungen in Grundbesitzgeschäften verfügt.«

Danach folgte dann ein ziemlich komplizierter Vertragstext. Herr G. beruhigte Andreas und Peter. In diesem Vertrag sei alles in Ordnung, und sie könnten ihn beim Notartermin getrost unterschreiben. Auch die Finanzierung bei der Sparkasse sei gesichert.

Nach der Unterzeichnung des Kaufvertrages fuhren sie gemeinsam mit dem Verkäufer zu dem Gebäudekomplex, in dem ihre Wohnungen lagen, um einige davon zu besichtigen. Allerdings waren es nicht die, die sie gekauft hatten, sondern eben nur vergleichbare Objekte.

Der Verkäufer hatte ihnen zugesichert, dass er die Kosten der Renovierung einzelner noch nicht vermieteter Wohnungen übernehmen und auch die während der Renovierung entgehenden Mieteinnahmen ersetzen werde.

Im Februar 2011 erhielten sie vom Notar die ausgefertigten und unterzeichneten Kaufverträge. Danach hörten sie erst einmal nichts mehr. Im April/Mai meldete sich dann die Hausverwaltung und forderte das Hausgeld. Von der Sparkasse kamen Kontoauszüge, die ein fettes Minus auswiesen. Allmählich dämmerte Andreas und Peter, dass sie sich mit dem Kauf von jeweils drei Wohnungen in ein Geschäft eingelassen hatten, das sie nicht überschauen konnten.

Herr G. versprach den beiden, die Rückabwicklung der Kaufverträge in die Wege zu leiten. Doch daraus wurde nichts. Stattdessen informierte er Andreas und Peter, dass er selbst von der Verkäuferfirma hereingelegt worden sei, weil diese die ihm versprochene Provision nicht ausgezahlt habe.

Am 26. Januar 2012 erhielten Andreas und Peter einen Brief von einer Anwaltskanzlei, in dem diese sie darüber informierte, dass die Verkäuferfirma Confidencial Projekt & Investment GmbH bereits am 30. November 2011 Insolvenz angemeldet hatte und sie ihre Forderungen bis zum 24. Dezember 2011 hätten geltend gemacht haben müssen. Jetzt sei alles zu spät. Weder Andreas noch Peter konnten inzwischen überblicken, welche finanziellen Verpflichtungen gegenüber wem bestanden.

Am 18. Juni 2012 kündigte die Sparkasse den beiden ihr Engagement, teilte dies der Schufa mit und übergab die Forderungen zur weiteren Abwicklung einem

Inkassounternehmen. Genau zu dieser Zeit las Andreas in der *Bild*-Zeitung einen Artikel über die krummen Geschäfte mit Schrott-Immobilien und darüber, wie ich anderen geholfen hatte. Also setzten sie sich im August 2012 mit mir in Verbindung.

Abschließende Beurteilung

Was in der Zeit zwischen dem Vertragsschluss am 23. Oktober 2010 und der Kündigung des Kreditvertrages am 16. Juni 2012 genau geschehen ist, bleibt in der Rückschau wegen der ungenauen Aktenlage ziemlich undurchsichtig. Folgendes ist mir jedoch ziemlich klar: Die Sparkasse hat mit dem Kreditvermittler allem Anschein nach intensiv zusammengearbeitet. Weder Andreas noch Peter kannten die Sparkasse und hatten zum Zeitpunkt des Erwerbs ihrer Wohnungen auch keine Geschäftsverbindungen mit ihr.

Der Kaufpreis für die sechs Wohnungen war um mehr als 300 Prozent überteuert und auch die Substanz der Wohnungen entsprach nicht den zugesagten Eigenschaften. Sie waren weder fertig renoviert, wie im notariellen Vertrag zugesagt, noch vermietbar. Ganz offensichtlich hatte der Vermittler der Sparkasse jeweils drei fiktive Mietverträge vorgelegt, von denen er behauptete, dass sie existierten und für den Eingang der monatlichen Zahlungen sorgen würden, sodass die Kreditengagements machbar erschienen. Tatsächlich waren die Wohnungen aber unvermietbar und auch die vom Verkäufer gegebenen Mietgarantien wurden zu keinem Zeitpunkt eingehalten.

Als die Verkäuferfirma in Insolvenz ging, musste der Insolvenzverwalter feststellen, dass der wesentliche Teil des Kaufpreises nicht an die Verkäuferfirma selbst, sondern an den Käufern nicht bekannte Personen beziehungsweise Firmen geflossen war.

Es ist mit ziemlicher Sicherheit davon auszugehen, dass die Sparkasse selbst die Wohnungen weder besichtigt hatte noch sich die notwendigen Informationen über das Objekt beschafft hat. Die Mitarbeiter, die mit der Gewährung der Kredite befasst waren, sind heute nicht mehr bei der Sparkasse beschäftigt und nicht mehr auffindbar.

Die Möglichkeit, wegen des Verdachts eines kollusiven Zusammenwirkens eine Strafanzeige gegen alle Personen und Institutionen zu stellen, die sich an dieser Angelegenheit auf negative Weise beteiligt haben, ist ernsthaft zu überlegen, da eine Verjährung noch nicht eingetreten ist. (Das Wort kollusiv bedeutet im Juristendeutsch: »unerlaubt zum Nachteil eines Dritten zusammenwirkend«.)

Beim Verkauf der sechs Wohnungen dürfte nach Ansicht von Fachleuten höchstens 30 000 Euro pro Wohnung zu erzielen sein. Die von der Sparkasse vorgenommene Schufa-Meldung hatte auch keine schadensmindernde, sondern schadenserhöhende Wirkung, da sowohl Andreas als auch Peter nun jede Möglichkeit genommen wurde, sich nach anderen Finanzierungsmöglichkeiten umzuschauen.

Rein vorsorglich habe ich auch die beiden Darlehensverträge wegen arglistiger Täuschung beziehungsweise Irrtums in vollem Umfang angefochten. Nach der Zwangsversteigerung der Wohnungen steht derzeitig eine für alle Beteiligten tragbare Lösung kurz vor dem Abschluss. Der Insolvenzverwalter hat die Anfechtung der Kauf- und Darlehensverträge wegen der bekannten Umstände inzwischen akzeptiert. Andreas und Peter verpflichten sich, an die Inkassofirma, an die die Sparkasse inzwischen die Forderung abgegeben hatte, eine ganz niedrige fünfstellige Summe zu zahlen, und werden dadurch aus ihren weiteren Zahlungsverpflichtungen entlassen.

Wenn Kollegen als Vermittler auftreten

Gerade im öffentlichen Dienst, aber auch in staatlichen oder halbstaatlichen Unternehmen, ist es weit verbreitet, dass Mitarbeiter die Erlaubnis erhalten, durch eine genehmigte Nebentätigkeit ihr Gehalt aufzubessern. Früher handelte es sich dabei hauptsächlich um die Vermittlung von Versicherungs- und Bausparverträgen von Versicherern, Banken und Bausparkassen, die dem öffentlichen Dienst nahestanden. Heute hat sich das Spektrum deutlich erweitert, bis hin zum Vertrieb von Schrott-Immobilien.

So war zum Beispiel die Bausparkasse vom Beamtenheimstättenwerk (BHW) früher eigenständig. Heute gehört sie zur Postbank und die wiederum zur Deutschen Bank. Nur der Name, beziehungsweise das Kürzel BHW, ist geblieben und auch der Vertrieb über das Kollegennetzwerk.

Mit Kollegen ist es das Gleiche wie mit Freunden, Bekannten oder Verwandten. Man vertraut ihnen, weil man sie kennt, sie fast täglich trifft oder sogar in derselben Dienststelle arbeitet. So ein Kollege kann es sich eigentlich nicht leisten, andere Kollegen schnöde zu übervorteilen. Sein guter Ruf wäre schnell dahin, und das weiß er auch.

Aber natürlich ist er nicht davor gefeit, als Mittelsmann für böse Machenschaften benutzt zu werden. Meist verkauft er nicht aktiv, sondern funktioniert im Geschäft mit Schrott-Immobilien nur als Vermittler gegen Provision. Die Drecksarbeit übernehmen andere. Wenn dann ein Betrug auffliegt, sitzt er allerdings mit in der Falle. Oft bleibt ihm nur noch die Bitte um Versetzung an einen anderen Arbeitsplatz, wo ihn keiner kennt, oder die Kündigung.

Ich kann also nur allen raten, die als »Vertrauensleute« für Finanzdienstleister arbeiten, genau zu prüfen, welche Finanzprodukte sie verkaufen und ob sie wirklich verstehen, wie diese funktionieren. Je riskanter ein Produkt für den Käufer ist, desto höher und reizvoller sind die Provisionen für den Vermittler. Im Zweifelsfall heißt es deshalb, lieber die Finger davon zu lassen.

Am Ende ist nichts geblieben

Bernd R. ist Busfahrer im Ruhrgebiet. Er gehört also nicht gerade zu den Besserverdienern. Im Jahr 2005 wurde er von einem Arbeitskollegen, der sein Gehalt durch den Verkauf von Versicherungen und Wohnungen aufbesserte, angesprochen, ob er sich nicht eine vermietete Wohnung als Alterssicherung zulegen wolle.

Die Finanzierung würde zu 100 Prozent über die Deutsche Bank erfolgen, und die sei ja bekanntlich hoch seriös und würde keine riskanten Geschäfte machen. Die Immobilie hätte also quasi eine Bankgarantie. Mit einem Kaufpreis von 81 000 Euro sei sie auch nicht überteuert und lasse sich, wenn es sein muss, jederzeit wieder verkaufen.

Bernd R. zögerte zunächst, fuhr dann aber doch nach Dorsten zu einem Wohnblock, der insgesamt 40 Wohnungen umfasste. Die Wohnung, die man ihm anbot, könne er zwar nicht besichtigen, aber eine, die im Schnitt und Ausstattung genau seiner gleichen würde.

Sein Arbeitskollege redete ihm gut zu. Die Schweizer Firma Raurica Immobilien GmbH sei ein höchst solides Unternehmen, die Finanzierung mit der Deutschen Bank praktisch risikofrei und schließlich wäre da auch noch der Notar, der den vorherigen Besitzer dieses Wohnkomplexes sehr genau kenne. Bernd R. konnte bei aller Vorsicht keinen Haken an der Sache finden, besonders da viele Wohnungen in dem Gebäude auch bewohnt waren, als er es besichtigte. Also kaufte er die rund 58 Quadratmeter große Wohnung für überteuerte 81 000 Euro.

Die anderen Wohnungsbesitzer des Häuserblocks kannte Bernd R. nicht. Von Anfang an hatte er der Gesellschaft, die die Wohnungen verwaltete, eine Vollmacht erteilt, damit sie ihn in den Eigentümerversammlungen vertritt. Trotzdem hatte Bernd R. Kontakt zu seinen Mietern. Als er die Wohnung kaufte, wohnte dort eine Frau. Bei der ersten Besichtigung sah die Wohnung sehr ordentlich aus, und dass dort Mängel vorhanden waren, hatte Bernd sich nie träumen lassen.

Bloß mit den Mietzahlungen klappte es nicht. Die Mieterin zahlte erst unregelmäßig und dann gar nicht mehr. Danach stand die Wohnung eine Zeitlang leer, bis ein älterer Mann einzog, der die Wohnung aber wieder aufgab, weil es ins Schlafzimmer reinregnete. 2007 kam es in dem Wohnkomplex zu einem Brand. Bei den anschließenden Untersuchungen stellten die Behörden fest, dass das Gebäude nicht den Brandschutzvorschriften entspricht, und ließen es räumen. Seit 2008 steht die ganze Wohnanlage leer. Damit auch keine Hausbesetzer einziehen, wurden sogar die Fenster zugemauert.

Im Jahr 2009 wurde die Firma Raurica Immobilien GmbH im Handelsregister in der Schweiz gelöscht. Die Verkäuferfirma existierte also nicht mehr, und Bernd R. musste ohne Mieteinnahmen die monatlichen Raten an die Deutsche Bank bezahlen, was er nicht konnte, da er keine Ersparnisse mehr hatte und sein monatliches Gehalt zu niedrig war. Verschiedene Anwälte, die er kontaktierte, sahen keine Möglichkeit, ihm wirkungsvoll zu helfen. Seine Schulden bei der Bank stiegen von 81 000 Euro auf 95 000 Euro.

Was war passiert?

Inzwischen hatte die Bank das Projekt an ein Inkassounternehmen abgegeben. Bernd R. wandte sich an mich. Es war klar, dass die Wohnung weder verkauft noch jemals wieder genutzt werden konnte. Und es war ebenfalls klar, dass Bernd R. niemals in der Lage sein würde, den Kredit zurückzubezahlen. Ich handelte also einen Vergleich aus.

Bernd R. erhielt von seiner Sparkasse, bei der er seit Jahrzehnten Kunde ist, einen Kredit über 12 000 Euro, mit dem er seine Verpflichtungen aus dem Immobilienkauf ablöste. Im Gegenzug erhielt er eine Löschungsbewilligung für den Grundbucheintrag, sodass die Wohnung jetzt schuldenfrei war. Im nächsten Schritt suchte ich für ihn und andere Teileigentümer des Immobilienkomplexes jemanden, der bereit war, gegen eine geringe Kostenerstattung die Wohnungen zu übernehmen und anderweitig zu verwerten.

Nicht nur Bernd R., sondern auch die Stadt Dorsten war durch diese Schrott-Immobilie geschädigt worden. Mit öffentlicher Zustellung suchte Dorsten nämlich noch im Jahr 2013 den früheren Vertreter der Firma Raurica Immobilien GmbH, um von ihm die Grundbesitzabgaben für sieben Wohneinheiten einzutreiben, die der Firma Raurica immer noch gehörten – wohl erfolglos.

Betrüger suchen leichte Beute

Das Geschäft mit Schrott-Immobilien unterscheidet sich ganz wesentlich von allen anderen Formen des Verkaufs und ist am ehesten mit dem Vertrieb hochriskanter Geldanlagen zu vergleichen.

Bei allen anderen Geschäften steht die Qualität des Produkts oder der Dienstleistung im Mittelpunkt und wird meist detailliert dargestellt. Bei Schrott-Immobilien ist das nicht der Fall. Hier wird nur oberflächlich über das konkrete Objekt gesprochen. Statt ins Detail zu gehen, bekommt der Käufer allenfalls Fotos des Gebäudes, Innenaufnahmen von »vergleichbaren« Wohnungen und nichtssagende Grundrisse zu sehen.

Schrott-Immobilienverkäufer sind Märchenerzähler, die Zuhörer suchen, die an Wunder glauben, auch wenn es nur Wirtschaftswunder sind. Ein Käufer, der darauf besteht, sich die Wohnung, die er erwerben soll – wohlgemerkt soll, nicht will! –, vor Ort anzuschauen und sich von diesem Vorhaben auch nicht abbringen lässt, wird von den Verkäufern zunächst hart angefasst und dann aber schnell fallen gelassen. Immobilienverkäufer haben keine Lust, Zeit in Kunden zu investieren, die nach einer Wohnungsbesichtigung ohnehin abspringen werden.

Die meisten Käufer erwarten, dass sie den Nutzen dessen, was sie kaufen, sofort erkennen. Auf die Frage: »Was habe ich davon und wie funktioniert es?«, wird eine klare und einfache Antwort erwartet. Beim Kauf von Schrott-Immobilien ist eigentlich alles sehr kompliziert, und einfach wird es für den Kunden nur dann, wenn er alles, was er nicht versteht, dem Verkäufer überlässt.

An Kunden, die viel fragen und sich mit Floskeln nicht abspeisen lassen, verlieren Immobilienhaie schnell die Lust. Wer es ihnen nicht überlassen will, den Notar auszuwählen, oder wer darauf besteht, selbst mit der finanzierenden Bank zu sprechen, ist die Verkäufer meist schnell wieder los.

Und dann ist da natürlich noch der Preis. Über den sprechen Verkäufer von Schrott-Immos gar nicht gern. Wer den Preis der angebotenen Immobilie infrage stellt, nach Vergleichspreisen Ausschau hält und anfängt zu verhandeln, passt überhaupt nicht in das Beuteschema der Fallensteller. Sie suchen nur leichte Beute, also einfache, ehrliche Leute, die noch an das Gute im Menschen glauben.

Immobilienhaie sind nicht unbedingt die hellsten und raffiniertesten Zeitgenossen, sondern arbeiten häufig mit ziemlich plumpen Tricks. Ihre Haupttätigkeit besteht darin, nach Menschen zu suchen, die auf ihre Winkelzüge hereinfallen und ihnen schutzlos ausgeliefert sind. Das macht sie so besonders widerwärtig.

Alleinstehende sind bevorzugte Opfer

Karl H. war Handwerker und wohnte in einem kleinen Einfamilienhaus, das zu einem Dorf in den neuen Bundesländern gehörte und um 1900 erbaut worden war. Er hatte dieses Haus günstig kaufen können, da es in einem schlechten Zustand gewesen war und zu klein für Familien mit Kindern. Karl H. war alleinstehend und hatte mit seinem handwerklichen Geschick das Haus so weit wieder hergerichtet, dass es seinen einfachen Bedürfnissen entsprach. Von der Finanzierung dieses Hauses war nur noch eine kleine Restschuld übrig.

Eines Tages erhielt Karl H. Besuch von einem netten Herrn, der sich als Berater für die Altersvorsorge ausgab. Man unterhielt sich bei einer Tasse Kaffee über alles Mögliche und natürlich auch über das Thema Altersvorsorge. Karl H. erhielt selten Besuch und freute sich deshalb, dass dieser nette Mensch bereits in einer Woche noch einmal vorbeikommen wollte, um ihm dann ein paar Vorschläge zu machen, wie er seine Rente aufbessern könnte.

Tatsächlich war dieser sympathische Gesprächspartner eine Woche später wieder da, und Karl H. hoffte insgeheim, dass aus dieser zufälligen Bekanntschaft längerfristig vielleicht sogar eine Freundschaft werden könnte. Diesmal brachte der nette Mann eine Angebotsmappe mit, in der viele bunte Bilder von schönen Wohnungen waren sowie Tabellen, Grafiken und Zeitungsausschnitte über die Immobilienpreisentwicklung. Das Beste, was Karl für seine Altersvorsorge tun könne, wäre, in Leipzig eine tolle Wohnung für 126 000 Euro zu kaufen, in guter Lage, 58 Quadratmeter groß und bereits an ein solventes Ehepaar vermietet.

Natürlich gebe es für diese Wohnung auch noch andere Kaufinteressenten, aber Karl werde bevorzugt behandelt, schließlich sei man ja befreundet. Die Finanzierung würde er schon hinbekommen, sie bräuchten nur noch zum Notar zu gehen. Karl H. willigte ein, schließlich wollte er seinen neuen Freund ja nicht enttäuschen. Die monatlichen Belastungen waren mit 800 Euro dann doch höher, als Karl erwartet hatte, besonders da die Miete nur 245 Euro pro Monat betrug. Von seinem neuen Freund hörte Karl nun nichts mehr. Mit Mühe und Not konnte er die monatlichen Zahlungen gerade so leisten, wenn er sich einschränkte.

Als Karl 58 Jahre war, erlitt er einen schweren Arbeitsunfall, der ihn erwerbsunfähig machte. Die monatliche Erwerbsunfähigkeitsrente betrug lediglich 677,76 Euro. Karl kratzte jetzt alle Ersparnisse zusammen, um die Verpflichtungen aus dem Kreditvertrag zu erfüllen. Doch schon bald war nichts mehr da. Zum Glück nahm er dann Kontakt zu mir auf.

Ich konnte mit der Bank einen Vergleich schließen. Die Bank verzichtete darauf, von Karl den Gang in die Privatinsolvenz zu fordern, und ließ ihm auch sein Häuschen, weil er sonst obdachlos geworden wäre. Die Wohnung in Leipzig wurde für 28 000 Euro verkauft und die Restschuld in Höhe von 100 000 Euro erließ die Bank Karl gegen Zahlung einer Schlussrate von 1225 Euro. Dies war für alle Beteiligten die beste Lösung. Karl H. konnte sein ohnehin bescheidenes Leben weiterführen und die Bank den notleidenden Kredit aus ihren Büchern streichen.

Wie ist dieser Fall zu bewerten?

Einige Drückervertriebe für Schrott-Immobilien haben sich ganz klar auf alleinstehende Männer und Frauen im fortgeschrittenen Alter in ländlichen Regionen spezialisiert. Eine Zeitlang suchten sie besonders nach älteren, unverheirateten Landwirten, die einen eigenen Hof hatten, der meist schuldenfrei war. Sie schlichen sich in das Vertrauen dieser Leute, die froh waren, dass sich endlich wieder jemand um sie kümmerte. Die Finanzierung der Schrott-Immobilie wurde dann mit einer Grundschuld auf dem ländlichen Anwesen abgesichert. Oft genug musste dann der Bauernhof versteigert werden, um die Forderungen der Bank zu bedienen.

Grundsätzlich sind Alleinstehende beliebte Opfer für Strukturvertriebe, weil es da keine Zeugen gibt und die Verkäufer und Vermittler alles versprechen können, was dann aber nicht im Kaufvertrag festgehalten wird. Hier ist es oft nur sehr schwer, Hilfestellung zu leisten. Ich kenne Fälle, wo die ganze entfernte Verwandtschaft des Betroffenen ihr Geld zusammengelegt hat, um den Hof, der schon seit Generationen im Besitz der Familie war, vor dem Zugriff der Bank zu retten. Aber das ist eher die Ausnahme.

Das machen alle Deutschen

Das Ehepaar K. hatte im Jahr 1980 die Möglichkeit, das von Spannungen und kriegerischen Auseinandersetzungen geschüttelte Kambodscha zu verlassen und in Deutschland eine neue Heimat zu finden. Herr und Frau K. waren nur einfache Arbeiter und hatten ein entsprechend geringes Einkommen. Trotzdem gelang es einem Drückervertrieb, ihnen eine wertlose Schrott-Immobilie in Chemnitz für 105 000 Euro aufzuschwatzen.

Das Hauptargument dürfte gewesen sein, dass man ihnen weismachte, dass alle Deutschen, die etwas für ihre Zukunft tun wollen, vermietete Wohnungen kaufen würden. Nicht umsonst gäbe es in Deutschland den Begriff »Betongold«. Außerdem hätte ja auch die Politik versprochen, aus den neuen Bundesländern blühende Landschaften zu machen. Bisher hätten die deutschen Regierungen immer ihre Versprechen gehalten, und nicht umsonst hätten die Deutschen das Wirtschaftswunder erfunden.

Das Ehepaar K. zögerte zwar zunächst, ließ sich dann aber auch von solchen Argumenten überzeugen. Schließlich dachten beide positiv, und nach dem, was sie im eigenen Land erlebt hatten, sahen sie Deutschland in einem rosigen Licht. Als sie dann ihren Fehler bemerkt hatten, versuchten sie über Jahre hinaus, durch eiserne Sparsamkeit ihren finanziellen Verpflichtungen nachzukommen. Finanziert worden war ihnen der Immobilienkredit von der Postbank-Tochter DSL.

Das Ehepaar K. lebte tatsächlich nur von einer Handvoll Reis, um die Kreditforderungen der Bank erfüllen zu können. Doch dann ging es einfach nicht mehr. Herr K. wurde schwer krank und ging in Rente. Seine monatlichen Einnahmen lagen bei 600 Euro und seine Frau verdiente gerade mal 1000 Euro dazu.

Als das Ehepaar K. zu mir kam, war er 67 Jahre alt und seine Frau 57 Jahre. Die Mieteinnahmen aus der rund 30 Quadratmeter großen Wohnung waren extrem niedrig und wurden von der Hausverwaltung zu diesem Zeitpunkt überhaupt nicht mehr an das Ehepaar K. weitergeleitet, weil es beim Hausgeld durch außergewöhnliche Belastungen, die auf alle Eigentümer umgelegt worden waren, zu einer Unterdeckung gekommen war.

Ich kannte das Haus, in dem die Eigentumswohnung des Ehepaares lag, weil ich auch schon andere Wohnungseigentümer aus diesem Objekt vertreten hatte. Die Wohnung, die sie für 105 000 Euro gekauft hatten, war nur 10 000 Euro wert.

Das Ehepaar K. hätte mit seinen Einnahmen, die ja noch deutlich geringer werden würden, wenn Frau K. auch in Rente geht, weder die Zinsen und erst recht nicht die Tilgung des Darlehens bezahlen können. Das hätte die DSL aber schon bei der Kreditvergabe merken müssen. Durch hartnäckiges Verhandeln konnte erreicht werden, dass das Ehepaar K. von weiteren Forderungen verschont wird.

Abschließende Beurteilung

Gerade ausländische Mitbürger, die erst wenige Jahre in Deutschland leben, werden immer häufiger zu Opfern betrügerischer Immobilienvertriebe. Sie sind meist nicht in der Lage, das deutsche Wirtschafts- und Finanzsystem zu durchschauen, sie beherrschen die deutsche Sprache nur unvollkommen und natürlich verstehen sie erst recht nicht das Juristendeutsch. In der Regel schämen sie sich, dass ihr Deutsch nicht gut genug ist, wollen das aber nicht zugeben. Sie erklären, alles verstanden zu haben, wenn ihnen ein Notar den Kaufvertrag vorliest.

Außerdem wollen die ausländischen Mitbürger sich in die deutsche Gesellschaft einfügen und glauben oft blindlings, was man ihnen in gedruckter Form vorlegt. Sie sind auch in der Regel Menschen voller Optimismus, die für eine bessere Zukunft alles zu tun bereit sind. All dies sind beste Voraussetzungen, um sie in die Immo-Falle zu locken.

In der Falle – die rechtliche Situation eines Immobilienkäufers, der hereingelegt wurde

In den vorangegangenen Kapiteln habe ich mich hauptsächlich mit der Frage beschäftigt, warum jemand überhaupt eine Schrott-Immobilie kauft. Alle Beispiele belegen, dass ohne die massive Manipulation des Käufers einer Schrott-Immobilie und das mafiöse Zusammenwirken von Maklern, Bankern und Notaren weder ein Kauf- noch ein Darlehensvertrag zustande gekommen wären.

Auslöser des Unheils, das unweigerlich über den arglosen Immobilienkäufer hereinbricht, ist natürlich der Abschluss des notariellen Kaufvertrags mit den betrügerischen Verkäufern. Doch damit wären die Probleme für die meisten Käufer noch beherrschbar und überschaubar. Die eigentlich verheerende und die existenzzerstörende Wirkung der Immo-Falle geht aber in fast allen Fällen von den mit juristischen Mitteln oft nicht angreifbaren Darlehensverträgen aus.

Mündige Bürger brauchen Vertragsfreiheit

Viele Leser werden sich schon gefragt haben, warum unser Rechtssystem nicht in der Lage ist, im Rahmen des Konsumentenschutzes und der Verbrauchergesetze zwingende Regeln zu schaffen, die den Erwerb von Schrott-Immobilien von vornherein verhindern und dem Abschluss von Darlehensverträgen im Zusammenhang mit solchen wertlosen Immobilien einen Riegel vorschieben.

Um es einmal ganz pauschal zu sagen, die Gesetzgebung und auch die Rechtsprechung sind der Ansicht, dass die bestehenden Gesetze ausreichen, um den mündigen Bürger zu schützen und ihm die Möglichkeit zu geben, seine Rechtsbeziehungen in eigener Verantwortung gestalten zu können. Die Juristen nennen das die Privatautonomie.

Jeder soll im Rahmen der rechtlichen Regeln seinen Willen frei bilden und entsprechend dieser Willensbildung handeln können. Das bedeutet auch, dass er die Verantwortung dafür übernimmt, was er tut oder eben nicht tut. Diese Privatautonomie findet in Deutschland ihre rechtliche Grundlage in der allgemeinen Handlungsfreiheit nach Artikel 2 Absatz 1 des Grundgesetzes.

Einer der wesentlichen Grundsätze der Privatautonomie ist die Vertragsfreiheit. Diese erstreckt sich auf die folgenden vier Gebiete: die Abschlussfreiheit, die Inhaltsfreiheit, die Formfreiheit und die Aufhebungsfreiheit.

Jeder darf mit jedem Verträge schließen

Die Abschlussfreiheit besagt, dass jeder entscheiden kann, mit wem er einen Vertrag abschließt und mit wem nicht. Aus juristischer Sicht war kein Käufer einer Schrott-Immobilie gezwungen worden, den Kaufvertrag zu unterschreiben. Aus psychologischer Sicht stellt sich das natürlich ganz anders dar. Der Käufer ist gezielt in eine Situation gebracht worden, die ihm nur noch eine höchst einseitige Sichtweise ermöglicht hat. Eventuell hat man ihn auch schlicht und einfach durch falsche Angaben und Zusagen betrogen. Ist das der Fall, stehen ihm beim Kaufvertrag und möglicherweise auch beim Darlehensvertrag bestimmte Möglichkeiten offen, den Fehler zu korrigieren.

Jeder darf entscheiden, was in einem Vertrag stehen soll

Aufgrund der Inhaltsfreiheit kann jeder den Inhalt eines Vertrages frei wählen. So wäre es für den Käufer einer Schrott-Immobilie aus rein juristischer Sicht durchaus möglich, eine Vereinbarung in den Vertrag aufnehmen zu lassen, die ein Rücktrittsrecht beinhaltet. Allerdings würde der Verkäufer einer Schrott-Immobilie sich niemals auf solche Regeln einlassen.

Ein Notar muss nur die Form, aber nicht den Inhalt prüfen

Die Formfreiheit bedeutet, dass ein Vertrag in keiner bestimmten Form abgeschlossen werden muss, es sei denn, dies wird vom Gesetz für bestimmte Fälle, zum Beispiel bei Immobilienkäufen, vorgeschrieben. Der Jurist unterscheidet allerdings zwischen der Form und dem Inhalt. Deshalb kann es vorkommen, dass ein notarieller Kaufvertrag formell durchaus richtig ist, inhaltlich aber nicht dem entspricht, was der Käufer erwartet hat.

Das Recht auf Kündigung ist an Bedingungen gebunden

Die Aufhebungsfreiheit stellt sicher, dass man einen einmal geschlossenen Vertrag auch wieder kündigen kann. Wie die Kündigung erfolgen kann und zu welchen Bedingungen, regelt allerdings in vielen Fällen, besonders bei einem Darlehensvertrag, das Kleingedruckte, das von fast niemandem beim Vertragsabschluss genau durchgelesen und hinterfragt wird. Natürlich kann man einen Darlehensvertrag kündigen, indem man die Darlehenssumme zurückzahlt. In den meisten Fällen verlangt die Bank dann noch zusätzlich eine Vorfälligkeitsentschädigung. Aber was ist, wenn man das Geld nicht hat oder es vom Verkäufer nicht zurückbekommen kann?

Die Rechte und Pflichten eines Immobilienkäufers

Beim Verkauf einer Schrott-Immobilie verspricht der Vermittler oder Verkäufer dem Opfer, sich um alles zu kümmern und alles zu regeln. Der Käufer tappt dann aus Vertrauensseligkeit, Gutmütigkeit, Leichtsinn oder Bequemlichkeit in die Immo-Falle und weiß auch nicht, welche Rechte und Pflichten er als künftiger Wohnungseigentümer und Vermieter hat. Diese sind unter anderem im Wohnungseigentumsgesetz (WEG) geregelt.

Schauen wir uns jetzt doch einmal unter rein juristischen Gesichtspunkten die Situation eines Immobilienbesitzers an. Wer eine Immobilie gekauft hat, hat damit auch eine Reihe von Rechten und Pflichten übernommen, die unabhängig davon bestehen, ob er beim Kauf hereingelegt worden ist oder nicht.

Wohnungseigentum verpflichtet

Unabhängig davon, ob er seine Wohnung selbst nutzt oder vermietet, ist jeder Besitzer einer Eigentumswohnung Mitglied der Eigentümergemeinschaft. Er hat das Recht, gemeinsam mit den anderen Eigentümern über die Verwaltung der Gemeinschaft zu bestimmen und seine Rechte in den Wohnungseigentümerversammlungen wahrzunehmen. Und er hat die Pflicht, sich an die dort geltenden Regeln zu halten.

Die Wohnungseigentümerversammlung ist das oberste Selbstverwaltungsorgan der Gesamtheit der Eigentümer. Per Mehrheitsbeschluss kann sie einen Verwalter bestellen. Zu seinen Aufgaben gehört es, Wirtschaftspläne zur Kalkulation der Hausgeldvorauszahlungen und die Jahresabrechnungen zu erstellen und die Eigentümerversammlungen zu leiten. Er verwaltet die Gelder der Gemeinschaft und ist für die Verkehrssicherung und die laufende Wartung und Instandhaltung gemäß den Eigentümerbeschlüssen verantwortlich.

Wer eine Eigentumswohnung gekauft hat, besitzt nicht nur seine Wohnung, Sondereigentum genannt, sondern auch immer einen zugehörigen Anteil am Gemeinschaftseigentum. Zum gemeinschaftlichen Eigentum zählen insbesondere das Grundstück, die tragenden Wände und Decken und das Dach des Gebäudes, die Hauseingangstüren, Außenfenster sowie gemeinschaftlich genutzte Einrichtungen wie Treppenhaus, Hauszugangswege etc. Hinzu kommt das Geld- und Vorratsvermögen der Gemeinschaft, wie die Instandhaltungsrückstellung, Heizölvorräte u. a.

Jeder Wohnungseigentümer hat deshalb auch die Pflicht, sich an den Kosten des Gemeinschaftseigentums zu beteiligen. Viele Erwerber von Eigentumswohnungen sind sich nicht darüber im Klaren, dass neben den üblichen Betriebskosten für ihre Wohnung, wie Heizung, Wasser, Müllabfuhr u. a., weitere laufende Ausgaben auf sie zukommen, die dem Gemeinschaftseigentum zuzuordnen sind. Während die Nebenkosten der Wohnung auf die Miete aufgeschlagen werden, muss der Wohnungseigentümer die Kosten des Gemeinschaftseigentums in Form eines monatlichen Hausgelds, auch Wohngeld genannt, selbst tragen.

Die Kosten für den Hausmeister, für die Treppenhausreinigung und die Gartenpflege, Betriebskosten für die

Müllentsorgung, Wasser, Hausstrom und Heizung für das Gemeinschaftseigentum sowie Beiträge für bestimmte Versicherungen kann der Vermieter einer Wohnung auf den Mieter umlegen. Kosten für Modernisierungs- und Instandhaltungsarbeiten am Gemeinschaftseigentum sowie für die Hausverwaltung müssen die Eigentümer tragen. Dafür wird eine Instandhaltungsrückstellung gebildet, in die die Wohnungsbesitzer einen monatlichen Beitrag einzahlen müssen.

Grundlage für die Bemessung des Hausgeldes ist ein jährlich vom Verwalter zu erstellender Wirtschaftsplan mit einer Übersicht der Kosten des Gemeinschaftseigentums sowie eventueller Einnahmen, wie zum Beispiel Mieten für Parkplätze. Daraus werden die einzelnen Beiträge der Eigentümer errechnet, die sie monatlich im Voraus zahlen müssen. Eventuelle Überschüsse oder Nachforderungen werden jeweils am Jahresende abgerechnet.

Mieter stellen Ansprüche

Wenn jemand eine vermietete Eigentumswohnung gekauft hat, dann tritt er mit dem Kauf der Wohnung auch in das Mietverhältnis ein. Als Vermieter hat er gegenüber seinem Mieter zahlreiche Rechte und Pflichten, die sich sowohl aus dem Mietvertrag, dem Bürgerlichen Gesetzbuch, aber auch dem Mieterschutzgesetz und Regelungen zu den Betriebskosten ergeben.

Durch den Mietvertrag ist der Mieter verpflichtet, dem Vermieter die Miete zuzüglich der vereinbarten Nebenkosten zu zahlen. Der Vermieter seinerseits hat die Pflicht, dem Mieter den Gebrauch der Mietsache während der Mietzeit zu gewähren. Die Wohnung muss deshalb in einem zum vertragsgemäßen Gebrauch geeigneten Zustand sein und auch instand gehalten werden.

Zur Instandhaltung gehören nicht nur die laufenden oder periodisch anfallenden Reparaturen. Auch bauliche Mängel durch Abnutzung, Alterung oder Witterung müssen beseitigt werden. Wenn neue Heizungen, Versorgungsleitungen oder Fenster fällig werden, kann das für den Vermieter ziemlich teuer werden. Die meisten Käufer von Schrott-Immobilien unterschätzen diese Kosten, weil sie die Wohnung vor dem Kauf nicht besichtigt haben. Denn Wasser, Strom, Heizung und alle dem Mieter überlassenen Geräte müssen funktionieren, die Fenster müssen dicht sein, ebenso wie die Decken und Wände.

Beseitigt der Vermieter die Mängel nicht, darf der Mieter die meist ohnehin geringe Miete kürzen. Dies hat dann häufig finanzielle Probleme des Vermieters zur Folge.

Auch Vater Staat hält die Hand auf

Ein Immobilieneigentümer hat auch verschiedene Pflichten gegenüber dem Staat. Dazu gehört nicht nur die Zahlung der Grunderwerbssteuer, sondern auch die Grundsteuer und verschiedene Abgaben, die auf regionaler Ebene erhoben werden. Allerdings gibt es neben diesen Steuern und Abgaben auch eine ganze Reihe von

Vorteilen für Immobilienbesitzer, deren Steueraufkommen hoch genug ist.

Verluste aus Vermietung und Verpachtung – Fluch und Segen

(Gastbeitrag von Steuerberater Dipl.-Kfm. Herbert Hamedinger, 2. Vorsitzender der Schutzgemeinschaft für Immobiliengeschädigte SFI e.V.)

Beim Erwerb einer Immobilie zur Vermietung stehen den erzielten Mieterträgen auch Ausgaben gegenüber. Übersteigen die Ausgaben die Einnahmen, entsteht ein Verlust aus Vermietung und Verpachtung, der mit anderen Einkünften saldiert wird und somit zu einer Minderung des zu versteuernden Einkommens und damit zu Steuervorteilen beiträgt.

Erheblich zu diesem Verlust tragen die sogenannten Abschreibungen bei, die aus dem Kaufpreis errechnet werden und als sogenannte Werbungskosten die Einnahmen schmälern.

Die heute übliche Abschreibung, im Steuerrecht als Absetzung für Abnutzung, kurz AfA, bezeichnet, beträgt im Normalfall zwei Prozent der Kaufsumme ohne Anteil für den Grund und Boden und zuzüglich Kaufnebenkosten. Im Zusammenhang mit den zurzeit äußerst niedrigen Zinsen ist der gewünschte Effekt eines möglichst großen Steuervorteils, der nur durch einen möglichst großen Verlust aus Vermietung und Verpachtung erreicht werden kann, meist nicht verwirklichbar.

Wer höhere Abschreibungen erreichen möchte, weicht gerne auf den Kauf einer denkmalgeschützten Immobilie aus. Für Abschreibungen auf Denkmal-Immobilien sieht der Gesetzgeber Abschreibungen von bis zu neun Prozent pro Jahr vor, sofern diese auf Investitionen in den Denkmalbereich der Immobilie entfallen.

Viele Anleger können sich noch gut an die Zeiten der sogenannten Ostimmobilien-Abschreibung erinnern. Hier hatte der Gesetzgeber durch Abschreibungen bis zu 50 Prozent auf den Kaufpreis für einen Boom beim Erwerb von Häusern und Wohnungen in den neuen Bundesländern gesorgt. Die Bundesregierung wollte auf diese Art und Weise für einen raschen Aufbau der maroden Bausubstanz in der ehemaligen DDR sorgen.

Leider verleitete die Aussicht auf möglichst hohe steuerliche Verluste so manchen Anleger zu riskanten Käufen. Viele erwarben deshalb von skrupellosen Finanzvertrieben unter Hinweis auf die Steuervorteile unvermietbare oder äußerst schlecht sanierte Immobilien, die die sich zudem auch nicht leisten konnten. Diese Schrott-Immobilien beschäftigen heute noch auf die Rückabwicklung dieser Käufe spezialisierte Rechtsanwälte, die mit großem Verhandlungsgeschick schon so manchen Anleger vor dem Ruin gerettet haben.

Grundsätzlich bleiben in der Regel auch langjährige Verluste aus der Vermietung von Immobilien, beispielsweise wegen Leerstand, steuerlich abzugsfähig. Das Finanzamt kann die steuerliche Anerkennung dieser Verluste nicht so ohne Weiteres mit der Begründung ablehnen, es läge eine »fehlende Überschusserzielungsabsicht«, besser bekannt unter dem Begriff »Liebhaberei«, vor. Dies wurde vom Bundesfinanzhof (BFH) in München mehrfach bestätigt. Das Finanzamt muss stets den sogenannten Totalgewinn berücksichtigen, das heißt, dass eine Prognoserechnung über einen längeren Zeitraum in der Zukunft einen Gesamtüberschuss ausweisen muss.

Auch für Immobilien in den neuen Bundesländern hat der BFH entsprechend entschieden. Bei einer Prüfung, ob ein sogenannter Totalgewinn zu erzielen sei, müssen die Sonderabschreibungen außer Betracht bleiben.

Kommt es bei sogenannten Ostimmobilien zu Rückabwicklungen des Kaufvertrages oder erreicht ein darauf spezialisierter Rechtsanwalt einen Vergleich mit der Bank über den Erlass oder Teilerlass der Darlehenssumme, so müssen die unter Umständen daraus resultierenden steuerlichen Folgen vorab genau mit einem Steuerberater besprochen werden.

Allen geschädigten Anlegern ist jedoch zu empfehlen, sich auf jeden Fall um eine anwaltliche Beratung über Rückabwicklung oder Einigung mit der Bank zu bemühen, da oftmals Steuernachteile – falls diese dann überhaupt eintreten – meist das kleinere Übel darstellen.

Was kann ich als Vermieter steuerlich absetzen?

Im Prinzip kann ein Vermieter einer Eigentumswohnung sämtliche im Zusammenhang mit dieser Immobilie anfallenden Kosten in seiner Steuererklärung als Werbungskosten absetzen. Diese Ausgaben werden von den Mieteinnahmen abgezogen und nur der übrig bleibende Rest muss versteuert werden.

Zu den Werbungskosten gehören:

- Die Zinsen für das Bankdarlehen zur Finanzierung des Erwerbs der Wohnung.

- Alle Ausgaben, die im Zusammenhang mit der Suche nach einem Mieter stehen, wie zum Beispiel die Gebühren für einen Makler und die Kosten für die Schaltung von Anzeigen in Zeitungen oder im Internet.
- Die Grundsteuer, die jährlich an die zuständige Gemeinde zu zahlen ist, sowie die Neben- oder Betriebskosten der Wohnung. Da diese Nebenkosten vom Mieter gezahlt werden, müssen sie auf der anderen Seite auch als Einnahmen verbucht werden.
- Alle laufenden Ausgaben, die mit der Vermietung der Wohnung in Zusammenhang stehen. Dazu gehören insbesondere die Kontoführungsgebühren für ein separates Konto bei der Bank oder Sparkasse, die Kosten für Telefon, Porto und für diversen Bürobedarf, aber auch Anwaltskosten im Zusammenhang mit der Vermietung.
- Kosten für die Renovierung und Ausstattung der Wohnung sowie für laufende Reparaturen.
- Fahrtkosten zur vermieteten Wohnung und andere Fahrten im Zusammenhang mit dieser Wohnung, wie zur Bank, zum Steuerberater oder zum Anwalt.
- Wer Vermieter einer Eigentumswohnung geworden ist, darf auch Mitgliedsbeiträge für spezielle Vermieterverbände als Werbungskosten absetzen.
- Zu guter Letzt soll noch darauf hingewiesen werden, dass auch die Rechtsanwaltsgebühren, die im Zusammenhang mit der Rückabwicklung des Darlehens oder des Kaufvertrags, sei es gerichtlich oder außergerichtlich, stehen, als Werbungskosten geltend gemacht werden können.

Die Abschreibung von Immobilien

Der Käufer einer vermieteten oder zu vermietenden Wohnung kann die Anschaffungs- beziehungsweise Herstellungskosten der Immobilie über eine bestimmte Anzahl von Jahren verteilt steuerlich absetzen. Die Absetzung für Abnutzung, kurz AfA, gilt aber nicht für das Grundstück, auf dem das Gebäude steht. Hintergrund für diese Regelung ist, dass man davon ausgeht, dass sich das Haus im Laufe der Zeit abnutzt und an Wert verliert, das Grundstück aber nicht. Für selbst genutzte Immobilien ist die Abschreibung nicht möglich.

Heute gilt sowohl für Alt- als auch für Neubauten die lineare Abschreibung. Das heißt, die Beträge bleiben über den gesamten Zeitraum gleich. Grundsätzlich sind die Immobilien über 50 Jahre linear abzuschreiben mit jeweils zwei Prozent der Anschaffungskosten pro Jahr. Eine Ausnahme bilden Häuser, die vor 1925 gebaut worden sind, die mit 2,5 Prozent pro Jahr über einen Zeitraum von 40 Jahren abgeschrieben werden.

Ausnahmeregelungen gibt es auch für unter Denkmalschutz stehende Objekte. Neben der üblichen linearen AfA auf die reinen Anschaffungskosten können Kapitalanleger acht Jahre lang jährlich neun Prozent und weitere vier Jahre lang jeweils sieben Prozent der Modernisierungskosten steuerlich absetzen. Auch wer ein Denkmalschutzgebäude selbst nutzt, darf zehn Jahre lang jeweils neun Prozent der Sanierungskosten abschreiben.

Grundsätzlich besteht die Möglichkeit, die Kosten für Sanierung und Modernisierung der nicht selbstgenutzten Eigentumswohnung linear über zwei bis fünf Jahre abzuschreiben. Dabei dürfen in den ersten drei Jahren nach dem Kauf der renovierungs- oder sanierungsbedürftigen Wohnung diese Investitionen aber nicht mehr als 15 Prozent der Anschaffungskosten betragen. Ansonsten würden diese Kosten steuerlich wie Anschaffungskosten betrachtet und müssten über 50 beziehungsweise 40 Jahre abgeschrieben werden. Kleinere Reparaturen im Wert von bis zu 410 Euro können sofort steuerlich abgesetzt werden.

Aus rein steuerlichen Gründen gibt es daher bei einem Immobilienerwerb – außer es handelt sich um eine Immobilie mit Denkmalschutzabschreibung oder in einem anerkannten Sanierungsgebiet – keine wirtschaftlich interessanten und überzeugenden Argumente. All die Schönrechnereien von Verkäufern, Maklern oder Vertrieben sind daher zumeist ohne nachhaltige Substanz.

Die Banken wollen nur Ihr Bestes

Auch im Zusammenhang mit dem Darlehensvertrag entstehen zwischen Kreditgeber und Immobilienbesitzer Rechte und Pflichten, die von beiden Seiten erfüllt werden müssen.

Die Bank zahlt dem Kreditnehmer das Darlehen aus, und dieser bezahlt der Bank im Gegenzug die monatlichen Zinsen plus Tilgung und bei Fälligkeit des Darlehens je nach Tilgungsvereinbarung den verbleibenden Rest. Das klingt verhältnismäßig einfach, und wenn der Kreditnehmer über ausreichende Finanzmittel oder sichere und regelmäßige Einnahmen in entsprechender Höhe verfügt, ist es das auch. Doch wehe, wenn Einnahmen und Ausgaben aus dem Gleichgewicht kommen oder von Anfang an in einem falschen Verhältnis stehen! In der Regel ist dann der Weg in die Armut vorprogrammiert.

Nur eine kleine Zahl engagierter und fachlich versierter Rechtsanwaltskanzleien in Deutschland mit nachhaltiger Kompetenz beim Verhandeln, von denen es wohl kaum mehr als zehn empfehlenswerte Namen gibt, setzt bei der Problemlösung mit Banken überwiegend nicht auf zivilgerichtliche Auseinandersetzungen. Denn diese haben für den Anleger weitere massive Nachteile wie hohe Gerichts- und Rechtsanwaltskosten und minimalste Erfolgsaussichten zur Folge.

Die Banken bedienen sich in Kenntnis der Bedeutung solcher Verfahren zumeist sehr qualifizierter Großkanzleien, die über hinreichende personelle und zeitliche Ressourcen verfügen und bei Prozessen den Anleger und die Anlegerkanzleien nicht selten mit 30- bis 50-seitigen Schriftsätzen und Beschwerden über banalste Dinge wie eine angeblich unleserliche Unterschrift des Rechtsanwalts etc. überhäufen.

Dazu kommt noch eine nicht zu übersehende positive Tendenz der Richter des Bundesgerichtshofs zugunsten der Banken. Dies lässt sich aus der Vielzahl der Urteile in den letzten zwei Jahrzehnten erkennen. So gehen auch von all den Gerichtsverfahren, die überhaupt bis zum Bundesgerichtshof kommen, nachdem viele Verfahren beim Oberlandesgericht ihr Ende finden, nur mit einer Quote von etwa zwei bis drei Prozent positiv zugunsten von Schrott-Immobilienkäufern aus.

Der außergerichtliche Verhandlungsweg mit ausführlicher Darstellung der wirtschaftlichen Probleme des Darlehensnehmers ist daher in jedem Falle einer gerichtlichen Auseinandersetzung vorzuziehen. Die Kosten hierfür sind erheblich niedriger, die Dauer der Auseinandersetzung kürzer und die Atmosphäre zur Vergleichsfindung für beide Seiten erträglicher. Attackiert man nämlich seitenweise und über Monate hinweg die Bank mit massiven Anschuldigungen, wächst dadurch sicher nicht deren Bereitschaft für eine angemessene wirtschaftliche Lösung.

Straf- und zivilrechtliche Aspekte des Immobilienbetrugs

Es ist unverkennbar, dass bei vielen Schrott-Immobilienverkäufen der klassische Betrugsfall der arglistigen Täuschung des Käufers durch den Verkäufer oder Vermittler vorliegt. Der Nachweis des Betrugs durch die finanzierende Bank ist jedoch ungleich schwieriger zu führen.

Denn Betrugshandlungen von Verkäufern oder Vermittlern können nach der überwiegenden Ansicht der Rechtsprechung nicht direkt den Banken zugerechnet werden. Es sei denn, es lässt sich beweisen, dass die Bank von den Täuschungshandlungen der Vermittler oder Verkäufer Kenntnis gehabt hat. Da dies sehr schwierig ist, richtet sich die strafrechtliche Vorgehensweise hauptsächlich gegen Verkäufer und Vermittler.

Es kommen hier vor allem die strafrechtlichen Vorschriften aus § 263 StGB in Betracht. Dort heißt es:

»Wer in der Absicht, sich oder einem Dritten einen rechtswidrigen Vermögensvorteil zu verschaffen, das Vermögen eines anderen dadurch beschädigt, dass er durch die Vorspiegelung falscher oder durch Entstellung oder Unterdrückung wahrer Tatsachen einen Irrtum erregt oder unterhält, wird mit einer Freiheitsstrafe bis zu fünf Jahren oder mit Geldstrafe bestraft.«

In besonders schweren Fällen ist eine Freiheitsstrafe von sechs Monaten bis zu zehn Jahren möglich. Diese »besonders schweren Fälle« liegen unter anderem dann vor, wenn der Täter gewerbsmäßig oder als Mitglied einer Bande handelt, die sich zur fortgesetzten Begehung von Urkundenfälschung oder Betrug verbunden hat, wenn der Täter einen Vermögensverlust größeren Ausmaßes herbeiführt oder in der Absicht handelt, durch die fortgesetzte Begehung von Betrug eine große Zahl von Menschen in die Gefahr des Verlustes von Vermögenswerten zu bringen, und wenn der Täter eine andere Person in wirtschaftliche Not bringt.

Auch der Tatbestand der Untreue nach § 266 StGB ist gegenüber Banken eventuell in Erwägung zu ziehen. Dort heißt es:

»Wer die ihm durch Gesetz, behördlichen Auftrag oder Rechtsgeschäft eingeräumte Befugnis, über fremdes Vermögen zu verfügen oder einen anderen zu verpflichten, missbraucht oder die ihm kraft Gesetzes, behördlichen Auftrags, Rechtsgeschäfts oder eines Treueverhältnisses obliegende Pflicht, fremde Vermögensinteressen wahrzunehmen, verletzt und dadurch dem, dessen Vermögensinteressen er zu betreuen hat, Nachteil zufügt, wird mit Freiheitsstrafe bis zu fünf Jahren oder mit Geldstrafe bestraft.«

Schließlich kann es sich in Einzelfällen auch um Urkundenfälschung nach § 267 StGB handeln, wenn Notare beteiligt sind.

»Wer zur Täuschung im Rechtsverkehr eine unechte Urkunde herstellt, eine echte Urkunde verfälscht oder eine unechte oder verfälschte Urkunde gebraucht, wird mit Freiheitsstrafe bis zu fünf Jahren oder mit Geldstrafe bestraft.«

In besonders schweren Fällen kann die Freiheitsstrafe sechs Monate bis zu zehn Jahren betragen.

Gegenüber eventuell beteiligten Notaren ließe sich § 271 StGB (Mittelbare Falschbeurkundung) anwenden:

»Wer bewirkt, dass Erklärungen, Verhandlungen oder Tatsachen, welche für Rechte oder Rechtsverhältnisse von Erheblichkeit sind, in öffentlichen Urkunden, Büchern, Dateien oder Registern als abgegeben oder geschehen beurkundet oder gespeichert werden, während sie überhaupt nicht oder in anderer Weise oder von einer Person in einer ihr nicht zustehenden Eigenschaft oder von einer anderen Person abgegeben oder geschehen sind, wird mit Freiheitsstrafe von bis zu drei Jahren oder mit Geldstrafe bestraft … Handelt der Täter gegen Entgelt oder in der Absicht, sich oder einen Dritten zu bereichern oder eine andere Person zu schädigen, so ist die Freiheitsstrafe von drei Monaten bis zu fünf Jahren.«

Für den Fall, dass deutsche Landesbanken, die als Amtsträger gelten, Schrott-Immobilien finanziert haben, sind außerdem folgende Vorschriften eventuell anwendbar:

§ 331 StGB Vorteilsannahme
§ 332 StGB Bestechlichkeit
§ 333 StGB Vorteilsgewährung
§ 334 StGB Bestechung

Die zivilrechtlichen Aspekte der Immo-Falle

Viele Menschen, die durch den Kauf einer Schrott-Immobilie Geld verloren haben, glauben, dass das ihnen widerfahrene Unrecht und der entstandene Schaden durch den Gang zu einem Gericht wiedergutgemacht werden kann. Über die damit verbundenen Probleme sind sie sich meist nicht im Klaren.

Das Gericht wird nämlich zunächst einmal prüfen, ob ein rechtsgültiger Kaufvertrag besteht oder nicht. Das ist grundsätzlich immer dann nicht der Fall, wenn es sich nach § 138 BGB um ein sittenwidriges Rechtsgeschäft und Wucher handelt. Nach der geltenden Rechtsprechung ist ein Preis für eine Immobilie sittenwidrig, wenn er mindestens um 100 Prozent über dem tatsächlichen Verkehrswert liegt. Diesen Nachweis muss der Käufer einer Schrott-Immobilie dem Gericht anhand eines Gutachtens erbringen.

Folgt das Gericht den Argumenten des Klägers, erhält dieser nach § 812 BGB einen Herausgabeanspruch auf den Kaufpreis gegenüber dem Verkäufer. Doch was ist, wenn der Verkäufer beziehungsweise seine Firma – wie sehr oft geschehen – gar nicht mehr existiert? Dann hat der Käufer zwar einen Rechtsanspruch, kann ihn aber nicht durchsetzen, weil es niemanden mehr gibt, von dem er Geld zurückfordern kann.

Die zweite Möglichkeit besteht darin, die Gültigkeit des Kreditvertrags prüfen zu lassen. Hier kommt es dann allerdings darauf an, den Nachweis eines verbundenen Geschäfts zu erbringen, das heißt, zu beweisen, dass der Kaufvertrag und der Darlehensvertrag nicht nur gleichzeitig abgeschlossen wurden, sondern dass es sich um eine wirtschaftliche Einheit handelt und der Kreditgeber auch um die Sittenwidrigkeit des Kaufvertrages wusste. All das muss bis ins Detail bewiesen werden, weil die Banken natürlich eine entsprechende Kenntnis der jeweiligen Sachverhalte von sich weisen werden. Da beim Kreditgeschäft der Darlehensnehmer zumeist ohne Zeugen ist und die Bank sich auf angestellte Mitarbeiter oder am positiven Prozessausgang interessierte Vertriebsprofis verlassen kann, müssen die Erfolgsaussichten als recht schwach angesehen werden.

Selbstverständlich kann ein Geschädigter, wie bereits gesagt, auch Strafanzeige wegen Betrugs nach § 263 des Strafgesetzbuches stellen. Dann wird die Staatsanwaltschaft ermitteln. Aber selbst wenn ein Täter überführt wird, bedeutet das noch lange nicht, dass der finanzielle Schaden des Schrott-Immobilienkäufers dadurch behoben wird.

Positive Urteile für geschädigte Schrott-Immobilienkäufer

Um den geschädigten Schrott-Immobilienkäufern einen groben Überblick über zumindest einige positive Urteile zu geben, sollen diese nachstehend auszugsweise dargestellt werden.

Verbundene Verträge

BGH-Urteil vom 19.6.2007 Az XI ZR 142/05

In diesem Urteil geht es um die wirtschaftliche Einheit von Kreditvertrag und finanziertem Geschäft. Die rechtliche Grundlage findet sich heute in § 358 des Bürgerlichen Gesetzbuches über verbundene Verträge. Dort heißt es in Absatz 1:

»Hat der Verbraucher seine auf den Abschluss eines Vertrags über die Lieferung einer Ware oder die Erbringung einer anderen Leistung durch einen Unternehmer gerichtete Willenserklärung wirksam widerrufen, so ist er auch an seine auf den Abschluss eines mit diesem Vertrag verbundenen Darlehensvertrags gerichtete Willenserklärung nicht mehr gebunden.«

Bilden also Kaufvertrag und Kreditvertrag eine wirtschaftliche Einheit und tritt man vom Kaufvertrag zurück, dann ist auch der Kreditvertrag hinfällig. Allerdings gilt das nur, wie der Bundesgerichtshof geurteilt hat, in dem Fall, wenn die kreditgebende Bank das Zusammenwirken des für sie tätigen Vermittlers mit dem Verkäufer gekannt hat.

Das wird in der Praxis von den Banken jedoch gern bestritten. Deshalb sagt der Bundesgerichtshof weiter, nach Treu und Glauben muss sich derjenige, der sich der Kenntnis einer Tatsache unredlich verschließt, so behandeln lassen, als habe er die Tatsache positiv gekannt.

Grob gesagt, ging es in diesem Fall ursprünglich darum, dass die Bank dem Vermittler einer Schrott-Immobilie ihre Blanko-Kreditformulare ausgehändigt hatte und beim Abschluss eines Kreditvertrages eine Provision versprach.

Auch wenn die Bank bestreitet, etwas über den konkreten Geschäftsabschluss zu wissen, muss sie sich vorhalten lassen, dass sie von der wirtschaftlichen Einheit nur deshalb nichts zu wissen behauptet, weil sie den Zusammenhang nicht sehen und erkennen wollte.

Wissensvorsprung

BGH-Urteil vom 27. 5. 2008 Az IX ZR 132/07

Der Bundesgerichtshof hat entschieden, dass man annehmen kann, dass eine Bank, die in institutionalisierter Weise mit dem Verkäufer oder Vertreiber eines von ihr finanzierten Objektes zusammenarbeitet, einen konkreten Wissensvorsprung hat, der zur Aufklärungspflicht gegenüber dem Käufer führt. Das ist besonders dann der Fall, wenn der Käufer durch unrichtige Angaben oder arglistige Täuschung zum Kauf veranlasst wurde. Die Bank darf vor einer arglistigen Täuschung nicht die Augen verschließen, nur, um ihren Kredit zu verkaufen.

Positive Erkenntnis der Überteuerung

BGH-Urteil vom 29. 4. 2008 Az XI ZR 221/07

Nach ständiger Rechtsprechung des Bundesgerichtshofs ist eine kreditgebende Bank bei steuersparenden Erwerbermodellen zur Risikoaufklärung über das finanzierte Geschäft nur unter ganz besonderen Voraussetzungen verpflichtet. Sie darf regelmäßig davon ausgehen, dass die Kunden entweder über die notwendigen

Kenntnisse oder Erfahrungen verfügen oder sich jedenfalls der Hilfe von Fachleuten bedient haben.

Aufklärungs- und Hinweispflichten bezüglich des finanzierten Geschäfts können sich daher nur aus den besonderen Umständen des konkreten Einzelfalls ergeben. Dies ist dann etwa der Fall, wenn die Bank im Bezug auf spezielle Risiken des Vorhabens einen konkreten Wissensvorsprung vor dem Darlehensnehmer hat und dies auch erkennen kann.

Eine Aufklärungspflicht der Bank über die Unangemessenheit des Kaufpreises unter dem rechtlichen Gesichtspunkt eines Wissensvorsprungs ist ausnahmsweise dann anzunehmen, wenn eine so wesentliche Verschiebung der Relation zwischen Kaufpreis und Verkehrswert vorliegt, dass die Bank von einer sittenwidrigen Übervorteilung des Käufers durch den Verkäufer ausgehen muss.

Von einer solchen sittenwidrigen Übervorteilung ist auszugehen, wenn der Verkaufspreis knapp doppelt so hoch ist wie der Verkehrswert der Wohnung.

Es besteht allerdings keine Nachforschungspflicht einer Bank hinsichtlich etwaiger Risiken des zu finanzierenden Vorhabens. Kreditinstitute prüfen den Wert der ihnen gestellten Sicherheiten grundsätzlich nur im eigenen Interesse sowie im Interesse der Sicherheit des Bankensystems, nicht aber im Kundeninteresse.

Dementsprechend kann sich aus einer lediglich zu bankinternen Zwecken erfolgten oder unterlassenen Beleihungswertermittlung grundsätzlich keine Pflichtverletzung gegenüber dem Kreditnehmer und somit auch keine diesbezügliche Aufklärungspflicht ergeben.

Ausnahmsweise steht die bloße Erkennbarkeit von aufklärungspflichtigen Tatsachen wie etwa der sittenwidrigen Überteuerung eines Wohnungskaufpreises der positiven Kenntnis aber dann gleich, wenn sich diese einem zuständigen Bankmitarbeiter nach den Umständen des Einzelfalls aufdrängen musste. Er ist dann nach Treu und Glaube nicht berechtigt, seine Augen vor solchen Tatsachen zu verschließen.

Verpflichtung zur Risikoaufklärung

BGH-Urteil vom 24. 3. 2009 Az XI ZR 456/07

Nach ständiger Rechtsprechung des Bundesgerichtshofs ist eine kreditgebende Bank bei steuersparenden Erwerbermodellen zur Risikoaufklärung über das finanzierte Geschäft dann verpflichtet, wenn sie in Bezug auf spezielle Risiken des Vorhabens einen konkreten Wissensvorsprung vor dem Darlehensnehmer hat und dies auch erkennen kann. Ein solcher Wissensvorsprung liegt vor, wenn die Bank positive Kenntnis davon hat, dass der Kreditnehmer von seinem Geschäftspartner oder durch dessen Prospekt über das finanzierte Geschäft arglistig getäuscht worden ist.

Haftung der Finanzierungsbank aus einem vorvertraglichen Aufklärungsverschulden wegen eines aufklärungspflichtigen Wissensvorsprungs

BGH-Urteil vom 29.6.2010 Az XI ZR 104/08

Nach dieser Rechtsprechung können sich die Anleger in Fällen institutionalisierten Zusammenwirkens der kreditgewährenden Bank mit dem Verkäufer oder Vertreiber des finanzierten Objekts auf einen die Aufklärungspflicht auslösenden konkreten Wissensvorsprung der finanzierenden Bank im Zusammenhang mit einer arglistigen Täuschung des Anlegers durch unrichtige Angaben der Vermittler oder Verkäufer über das Anlageobjekt berufen.

Die Kenntnis der Bank von einer solchen arglistigen Täuschung wird vermutet, was aber auch widerlegt werden kann, wenn Verkäufer, die von ihnen beauftragten Vermittler und die finanzierende Bank in institutionalisierter Art und Weise zusammenwirken und die Unrichtigkeit der Angaben des Verkäufers oder der für ihn tätigen Vermittler nach den Umständen des Falls objektiv evident ist.

In einem konkreten Fall ging es darum, ob der Käufer von den Vermittlern durch eine evident unrichtige Angabe über die Höhe der Vermittlungsprovision arglistig getäuscht worden ist. Man habe dem Käufer mit dem ausgefüllten Objekt- und Finanzierungsvermittlungsauftrag vorgespiegelt, die Vermittler erhielten nur die dort ausgewiesenen Provisionen in Höhe von insgesamt 5,86 Prozent der Kaufpreissumme, obwohl sie in Wahrheit mindestens weitere 9,14 Prozent Provisionen erhielten.

Auf eine im Kaufpreis enthaltene und an den Vertrieb gezahlte »versteckte Innenprovision« muss das einen Immobilienerwerb finanzierende Kreditinstitut den Darlehensnehmer von sich aus grundsätzlich nicht hinweisen, sofern die Innenprovision nicht zu einer so wesentlichen Verschiebung des Verhältnisses zwischen Kaufpreis und Verkehrswert der Immobilie beiträgt, dass das Kreditinstitut von einer sittenwidrigen Übervorteilung des Käufers durch den Verkäufer ausgehen musste.

Dies gilt schon deshalb, weil die Veräußerung einer Immobilie zu einem überteuerten Kaufpreis nach ständiger Rechtsprechung des Bundesgerichtshofs selbst für den Verkäufer nicht ohne Weiteres einen zur Aufklärung verpflichtenden Umstand darstellt.

Der Käufer hat nämlich grundsätzlich keinen Anspruch zu einem Erwerb des Objekts zu dessen Verkehrswert, sondern es bleibt den Vertragsparteien bis zu den Grenzen der Sittenwidrigkeit und des Wuchers überlassen, welchen Kaufpreis sie vereinbaren. So ist der Verkäufer im Regelfall nicht verpflichtet, den Wert des Kaufobjekts offenzulegen, selbst wenn dieser erheblich unter dem geforderten Preis liegt.

Solange also eine Innenprovision wie in diesem speziellen Fall nicht zu einer so wesentlichen Verschiebung des Verhältnisses zwischen Kaufpreis und Verkehrswert der Immobilie beiträgt, dass das Kreditinstitut von einer sittenwidrigen Übervorteilung des Käufers durch den Verkäufer ausgehen musste, muss das finanzierende Kreditinstitut den Anleger daher nicht unbefragt über die im Kaufpreis enthaltenen Innenprovisionen aufklären.

Bankenhaftung bei 100 Prozent Finanzierung

Urteil des OLG Dresden vom 28.6.2012 Az 9 U 1758/11

Die Finanzierung des Erwerbes einer Immobilie zu 100 Prozent durch eine Bank darf der Kreditnehmer als Beleg dafür werten, dass die Bank seine Einschätzung des Kaufpreises als angemessen teilt. Die Bank ist daher verpflichtet, die Angemessenheit des Preises vor der Kreditvergabe zu prüfen. Unterlässt sie eine solche Prüfung, ist sie dem Kreditnehmer für den Fall der sittenwidrigen Überhöhung des Kaufpreises zum Schadensersatz verpflichtet.

Dies gilt indes nicht uneingeschränkt. Vielmehr kann ausnahmsweise eine Aufklärungs- und Beratungspflicht der kreditgebenden Bank in Betracht kommen, wenn sie im Zusammenhang mit dem Vertrieb des Projekts über ihre Rolle als Kreditgeberin hinausgeht, wenn sie einen zu den allgemeinen wirtschaftlichen Risiken hinzutretenden besonderen Gefährdungstatbestand für den Kunden schafft oder dessen Entstehung begünstigt, wenn sie sich im Zusammenhang mit der Kreditgewährung in schwerwiegende Interessenkonflikte verwickelt oder wenn sie im Bezug auf spezielle Risiken des Vorhabens einen konkreten Wissensvorsprung vor dem Darlehensnehmer hat und dies auch erkennen kann.

In dem vorliegenden Fall bestand eine Aufklärungspflicht der Bank über die Unangemessenheit des Kaufpreises unter dem rechtlichen Gesichtspunkt eines Wissensvorsprungs deshalb, weil eine so wesentliche Verschiebung der Relation zwischen dem vom Käufer bezahlten Kaufpreis und dem Verkehrswert vorliegt, dass die Bank von einer sittenwidrigen Übervorteilung des Käufers durch den Verkäufer ausgehen musste.

Der Kaufpreis betrug 190 000 Euro und anders, als die Bank meint, sind von dem Preis nicht die von dem Vermittler an den Kläger zurückgezahlten Kosten für Notarkosten und Grunderwerbsteuer in Höhe von angeblich 11 400 Euro abzuziehen. Sie stellen Kaufnebenkosten dar und bestimmen den Kaufpreis nicht.

Zwar würde der Kaufpreis der Wohnung nach Abzug der 11 400 Euro nicht knapp doppelt so hoch liegen wie der von einem Sachverständigen für realistisch gehaltene Verkehrswert von ungefähr 97 000 Euro, was regelmäßig die Annahme einer sittenwidrigen Überteuerung begründet, doch treten hier weitere Umstände hinzu, die eine Verkehrswertüberschreitung des Kaufpreises um 79,3 Prozent als ausreichend erscheinen lassen, um die Sittenwidrigkeit zu belegen.

In diesem Fall war die Bank gehalten, eine ernsthafte Prüfung des Wertes der Immobilie vorzunehmen und dies nicht nur aus ihrem eigenen Interesse und im Interesse des Bankensystems. Eine solche ernsthafte Prüfung ist nicht erfolgt. Das lässt den Schluss zu, dass die mit der Bewilligung des Darlehens befassten Mitarbeiter der Bank ihre Augen vor der Erkenntnis der sittenwidrigen Überteuerung der Wohnung bewusst verschlossen haben, was einer positiven Kenntnis der Sittenwidrigkeit gleichsteht.

Der Kaufpreis war sittenwidrig hoch, obwohl er mit 179 Prozent um einiges weniger als das knappe Doppelte des gerechtfertigten Preises ausmacht. Es handelt sich nämlich nicht um eine starre Grenze, sondern um eine, bei deren Erreichen eine Vermutung für Sittenwidrigkeit Platz greift. Bei Hinzutreten weiterer Umstände kann auch eine geringere Preisdifferenz die Feststellung der Sittenwidrigkeit tragen.

Nach Überzeugung des Gerichts hätte sich die sittenwidrige Überteuerung der Wohnung dem zuständigen Bankmitarbeiter aufdrängen müssen, wenn die Überprüfung durch ihn mit der gebotenen Sorgfalt erfolgt wäre. Es gibt keinen ersichtlichen Grund dafür, warum die Bank nicht die Erkenntnis hätte erlangen können und müssen. (Das Urteil ist zum Zeitpunkt des Drucks noch nicht rechtskräftig.)

Resignieren Sie nicht – lassen Sie sich helfen

Wer auch nur den leisesten Verdacht hat, mit einer Schrott-Immobilie hereingelegt worden zu sein, sollte sofort einen in solchen Fällen versierten Rechtsanwalt aufsuchen. Das Gleiche gilt für diejenigen, die eine vermietete Immobilie gekauft haben, die zwar keine Schrott-Immobilie ist, deren Finanzierung aber im Grenzbereich des finanziell Möglichen erfolgt ist.

Denn bei einem Unfall oder einer Erkrankung des Kreditnehmers, dem Verlust seines Arbeitsplatzes oder auch der Trennung vom Ehepartner kann das ganze finanzielle Gebäude plötzlich wie ein Kartenhaus zusammenstürzen, wenn keine oder keine ausreichenden finanziellen Reserven vorhanden sind.

Gegen solche Schicksalsschläge ist niemand gefeit. In all diesen Fällen ist es wichtig, sich sofort kompetent beraten zu lassen und nicht zunächst zu versuchen, ohne juristisches Hintergrundwissen die Probleme selbst zu lösen. Menschen in derartigen Situationen versuchen oft, durch Verbraucherkredite oder durch noch teurere Dispositionskredite das Schlimmste abzuwenden. Immer in der Hoffnung, dass in Zukunft alles besser werden wird. Sie hoffen, dass sie für ihre Wohnung einen neuen Mieter finden, dass der Verkäufer einer Schrott-Immobilie die Wohnung doch noch renoviert, oder dass sie gesund werden, um wieder arbeiten zu können, oder dass sie einen neuen Arbeitsplatz finden. Meist reichen schon wenige Monate, in denen es finanzielle Ausfälle gibt, um den Anfang vom Ende einzuleiten.

Diejenigen, die Schrott-Immobilien verkauft haben, rechnen von vornherein damit, dass sie ihre Kunden so lange hinhalten und vertrösten können, bis sie ihre Firma liquidiert haben oder in Insolvenz gegangen sind, um dann kurz darauf mit einem neuen Unternehmen woanders am Markt wieder aufzutauchen.

Finanzdienstleister, die Kleinverdienern abenteuerlich hohe Kredite gewährt haben, gehen davon aus, dass diese sich bis zum Äußersten bemühen werden, ihre vertraglichen Pflichten um jeden Preis zu erfüllen, und sie sich dadurch noch mehr verschulden. Wenn ihnen in solchen Fällen kein seriöser Berater oder Anwalt dabei hilft, die getroffenen falschen Entscheidungen zu revidieren, ist der Weg ins Verderben und in ein zukünftiges Leben in Armut nur schwer aufzuhalten.

Es gibt keine Verträge, die unter allen Umständen und in allen Situationen um jeden Preis eingehalten werden müssen. Für jeden, der rechtzeitig Hilfe sucht, lässt sich in den meisten Fällen ein Ausweg finden, an den er überhaupt nicht gedacht hatte, weil ihm das gesamte Spektrum der Möglichkeiten gar nicht bekannt ist.

Wer allerdings erst dann einen seriösen, auf Schrott-Immobilien spezialisierten Anwalt oder Berater aufsucht, wenn die Zwangsversteigerung schon eingeleitet ist, der Lohn bereits gepfändet wird oder er schon einen Schufa-Eintrag erhalten hat, der ihm jede Form von Kreditwürdigkeit nimmt, der kommt zu spät. Ihm kann oft nicht mehr geholfen werden.

Deshalb ist es besonders wichtig, dass die Betroffenen sich bereits um Hilfe bemühen, wenn sie noch nicht unter dem Vollstreckungsdruck der Banken stehen, es sich aber schon abzeichnet, dass sie wirtschaftliche Probleme haben oder bald haben werden. Es hat keinen Sinn, am Essen, am Strom oder am Wasser zu sparen, wenn die monatlichen Belastungen diese Einsparungen um ein Vielfaches übersteigen und weiter wachsen.

Viele Erwerber von Immobilien wissen oft noch gar nicht, dass sie eine Schrott-Immobilie gekauft haben und dass in Zukunft mit großer Sicherheit etwas schiefgehen wird. Sie scheuen jedoch aus Angst vor Kosten den Gang zum Rechtsanwalt. Deshalb spricht zum Beispiel die Schutzgemeinschaft für Immobiliengeschädigte e.V. (SFI e.V.) ganz gezielt Eigentümer von Wohnungen in Objekten an, in denen es bereits Schrott-Immobiliengeschädigte gibt. Die Wahrscheinlichkeit, dass in einem Wohnkomplex nicht nur eine, drei oder fünf Wohnungen zu überhöhten Preisen und unter falschen Versprechungen verkauft worden sind, sondern weitaus mehr, ist erfahrungsgemäß groß.

Diese Wohnungsbesitzer ahnen oft noch gar nicht, dass sie ihre Wohnungen vollkommen überteuert gekauft haben und dass bei einem Wiederverkauf der Wohnung der erzielte Preis nur einen Bruchteil der Kreditsumme abdecken wird. Genauso ahnen viele nicht, dass die Miete nach Ablauf der Mietgarantiezeit ins Bodenlose fallen wird, weil sie betrogen worden sind.

Wer rechtzeitig die Beratungsangebote einer Schutzgemeinschaft annimmt, verbessert seine Chancen, ohne größeren Schaden davonzukommen, deutlich. Wer aber der Kompetenzillusion erliegt, alles selbst regeln zu können, wer zur Bank geht und darauf hofft, mit seinem schweren Schicksal auf mildtätige Samariter zu stoßen und nicht auf knallharte Geschäftsleute, wird in der Regel enttäuscht. Solange noch Geld fließt oder fließen kann, wird man es vonseiten der Kreditgeber den Betroffenen auch nehmen wollen, manchmal sogar in rücksichtsloser und menschenverachtender Gier.

Gerettet – wie man mit einem blauen Auge davonkommt

Das Tückische an der Immo-Falle ist, dass ihr niemand ohne finanzielle Einbußen und zusätzliche Aufwendungen entkommen kann. Das liegt auch daran, wie Andrea Reiser von der SFI festgestellt hat, dass fast alle Opfer eine Reihe von unterschiedlichen Gefühlszuständen und Situationen durchlaufen.

In der ersten Phase glaubt der Schrott-Immobilienkäufer noch, mit der Vertragsunterzeichnung sei nun alles geregelt. Er bezahlt den Notar und die Grunderwerbssteuer, wenn dies nicht in einigen Fällen sogar vom Verkäufer der Schrott-Immobilie erledigt wird. Die ersten Mietzahlungen treffen ein, entweder im Rahmen der versprochenen Mietgarantie oder sogar vom Mieter selbst. Die Bank, die das Darlehen gewährt hat, schickt regelmäßig Kontoauszüge, und kleinere Unregelmäßigkeiten und Unklarheiten nimmt der Käufer jetzt noch gelassen hin. Diese Phase kann zwischen drei Monaten und einem Jahr andauern. Zum Verkäufer der Immobilie besteht dann meist kein Kontakt mehr.

In der zweiten Phase beginnt der Betroffene zu ahnen, dass er mit dem Kauf der Immobilie doch einen Fehler gemacht haben könnte. Vielleicht stellt er fest, dass es eine monatliche Unterdeckung gibt, also die Kreditkosten höher sind als die Steuerersparnis und die Mieteinnahmen.

Die meisten Käufer einer Schrott-Immobilie werden in dieser Phase zwar etwas nervös, hoffen allerdings immer noch, dass sich alles irgendwie von selbst regeln werde. Möglicherweise steigen ja die Mieten, oder sie erhalten demnächst eine Gehaltserhöhung. Obwohl die Situation offensichtlich anders ist, als sie erwartet haben, unternehmen die wenigsten Opfer jetzt etwas, sondern sie versuchen, die Probleme zu verdrängen. Meist ist mittlerweile schon mehr als ein Jahr nach dem Immobilienkauf vergangen.

In der dritten Phase gestehen sich viele Schrott-Immobilienkäufer ein, einen Fehler gemacht zu haben, den sie korrigieren sollten. Meist schämen sie sich, dass sie sich haben hereinlegen lassen, und versuchen ihre Probleme zu kaschieren. Niemand aus der Familie und im Freundeskreis soll wissen, dass sie sich dumm verhalten haben.

Sie versuchen, die Sache selbst in die Hand zu nehmen, indem sie zum Beispiel den Verkäufer kontaktieren, um den Kaufvertrag rückgängig zu machen. Doch das misslingt regelmäßig. Entweder ist die Firma spurlos verschwunden, oder, falls nicht, dann sind die damaligen Ansprechpartner dort nicht mehr beschäftigt, und niemand von deren Nachfolgern weiß über den Sachverhalt Bescheid – oder man behauptet das zumindest.

Manche Opfer versuchen auch, mit der Bank andere Darlehenskonditionen auszuhandeln, was aber fast immer misslingt. Vielleicht bekommt der eine oder andere einen kurzfristigen Zahlungsaufschub, mehr ist jedoch in der Regel nicht erreichbar.

In der vierten Phase sind die meisten Schrott-Immobilienopfer regelrecht traumatisiert. Sie fühlen sich krank und kraftlos und bekommen manchmal richtige körperliche Probleme. Das kann von Schlaflosigkeit bis zum Herzinfarkt oder Schlaganfall gehen. Manche denken sogar an Selbstmord, weil ihnen ihre gesamte Lebenssituation ausweglos erscheint. Oft schlägt die Verzweiflung in Resignation um und die Opfer lassen die Dinge einfach laufen.

Manche denken aber auch an Rache. Sie wollen diejenigen, von denen sie geschädigt worden sind, verklagen und Wiedergutmachung fordern. Doch das ist nicht so einfach. Dafür braucht man Beweise und außerdem viel Zeit und Geld. Existiert die Firma des Verkäufers nicht mehr, was regelmäßig der Fall ist, gibt es nämlich niemanden, den man noch verklagen könnte. Die Aussichten, vor Gericht Erfolg zu haben, sind in den meisten Fällen ohnehin nur gering. Inzwischen sind oft vier Jahre und mehr vergangen.

Wenn jetzt alles gut geht, wird derjenige, der in der Immo-Falle gefangen ist, sich nach professioneller Hilfe umsehen. Die gibt es zwar auch nicht kostenlos, aber in der Regel wird ein Ende der Sorgen, die einen belasten, absehbar.

Die meisten Schrott-Immobilienopfer bereuen jetzt, dass sie nicht früher versucht haben, sich aus der Falle zu befreien. Doch die Vergangenheit kann man nicht ändern. Das Einzige, was jetzt hilft, ist, den Blick nach vorn zu richten und zu akzeptieren, dass man Verlorenes nicht zurückholen kann.

Jeder Geschädigte ist zu diesem Zeitpunkt natürlich klüger als zu dem Zeitpunkt, als er die Schrott-Immobilie gekauft hat. Es hat aber auch keinen Zweck, sich selbst Vorwürfe zu machen. Das Spezielle des Betrugs besteht ja eben darin, das Opfer nicht erkennen zu lassen, dass es betrogen wird. Wichtig ist jetzt, die Weichen so zu stellen, dass die finanziellen Belastungen auf ein erträgliches und zu bewältigendes Maß reduziert werden und die Geschädigten ein Leben führen können, in dem ihnen die größten Sorgen genommen sind.

Die Immo-Falle lauert auf jeden

Wer in die Immo-Falle getappt ist, verschweigt dies häufig selbst seinen nächsten Angehörigen oder besten Freunden. Er schämt sich, einen so dummen Fehler gemacht zu haben, und schreibt sich die Schuld selbst zu. Prominenten geht es hier oft nicht anders wie einfachen Leuten, jedenfalls so lange nicht, bis die Medien von der Sache erfahren. Dann hilft meist nur noch radikale Offenheit.

Auch Tony Marshall (geboren 1938) wurde ein Opfer der Immobilien-Abzocker. »Vier Leipziger Wohnungen haben mich fast ruiniert«, sagte er im Dezember 2011 der *Bild*-Zeitung. Der Entertainer, Schlager- und Opernsänger verdiente mit Hits wie »Schöne Maid« einst Millionen und geriet so ins Visier der Betrüger. 1996 kaufte er in Leipzig vier Eigentumswohnungen für eine Million DM. Sie würden gute Renditen bringen, war ihm versprochen worden, und die Banken würden gern die Wohnungen finanzieren, weil Prominente für sie auch immer Vorzeigekunden sind. Doch dann kam alles anders.

Die Wohnungen standen schnell leer, nur die hohen monatlichen Kosten blieben. Vor vier Jahren bat Tony Marshall mich, die Angelegenheit zu regeln. Die Schrott-Immobilien, die eigentlich hohe Mieten einspielen sollten, wurden für nur 130 000 Euro verkauft. Erleichtert konnte Tony Marshall ein Jahr später der Presse melden: »Seit Oktober 2010 ist bei mir alles bereinigt. Ich habe keine Schulden.« Inzwischen hilft Tony Marshall als Gründungsmitglied der Schutzgemeinschaft für Immobiliengeschädigte anderen Betroffenen. Er hofft, dass er durch seine hohe Bekanntheit dazu beitragen kann, dass immer weniger Menschen denselben Fehler machen wie er und den Betrügern das Handwerk gelegt wird.

Tony Marshall ist längst nicht das einzige prominente Opfer betrügerischer Immobilienverkäufer, zum Beispiel auch Jürgen Marcus (65). In den 1970er-Jahren war er »Hitparaden-Superstar« und sein Lied »Eine neue Liebe ist wie ein neues Leben« von 1972 ist auch heute noch sein größter Hit. Im Juni 2013 zitierte die

Bild-Zeitung Jürgen Marcus mit den Worten: »Ich habe in Berlin ein Mietshaus gekauft, das meine Rentenabsicherung sein sollte. Doch die Bewohner zahlten keine Miete, weil sie dem ehemaligen Besitzer Kredite gewährt hatten. Jetzt ist meine Altersversorgung futsch.«

Fazit

Einfache Menschen geraten in die Immobilien-Falle, weil sie anderen blind vertrauen und davon ausgehen, dass jeder genauso ehrlich ist wie sie selbst, oder weil sie einfach nur beschwatzt und mit Pseudo-Zahlen verwirrt werden. Prominente und Besserverdienende dagegen erliegen häufig der Kompetenzillusion zu glauben, alles überschauen zu können, und dass es niemand wagen würde, jemandem, der im Rampenlicht der Öffentlichkeit steht, gnadenlos über den Tisch zu ziehen.

Gerade höhere Beamte, Ärzte und mittelständische Unternehmer stehen neben den einfachen Leuten besonders im Visier der Immobilienbetrüger. Für dieses Klientel sehen die Banken bei der Kreditvergabe nämlich das geringste Risiko. Sie müssen auch nicht fürchten, dass jemand, der mindestens 4000 Euro netto pro Monat verdient, zahlungsunfähig wird. Natürlich kommt es immer darauf an, wie viele Schrott-Immobilien sich der Betroffene hat andrehen lassen.

Umdenken der Banken

Kredite zu vergeben ist ein Teil des Kerngeschäfts der Banken und Sparkassen. Aber Problemkredite abzuwickeln, gehört nicht dazu. Lange Zeit existierten dafür keine spezialisierten Mitarbeiter oder Abteilungen, sondern die Rechtsabteilung oder die Kreditsachbearbeitung musste die Betreuung und Abwicklung von notleidenden Immobilienkrediten mit übernehmen.

Non-Performing Loans (NPL) nennt man diese Kredite, die von den Kreditnehmern nicht mehr bedient werden können. Sie belasten einerseits die Bilanzen und drücken die Ratings, das heißt die Bonität der Banken, sowie ihr Image. Inzwischen haben viele Banken auf NPL spezialisierte Abteilungen mit entsprechend geschulten Mitarbeitern eingerichtet. Gleichzeitig hat sich die Einsicht durchgesetzt, dass es nicht immer der wirtschaftlichste Weg ist, unter allen Umständen auf der Einforderung sämtlicher vertragsgemäßer Kreditzahlungen zu beharren.

Immer mehr Banken und Sparkassen sind inzwischen gerade bei Problemkrediten, die für den Kauf von Schrott-Immobilien gewährt wurden, zu Verhandlungen und einer außergerichtlichen Einigung bereit. Dies ist in der Regel dann der Fall, wenn das Einkommen des Schuldners gemessen an den monatlichen Belastungen absolut nicht ausreicht und der Wert der für das Darlehen gegebenen Sicherheiten wesentlich geringer ist, als ursprünglich angenommen.

Ich wickle solche Problemfälle ausschließlich auf außergerichtlicher Basis ab. Denn eine außergerichtliche Abwicklung ist für den Betroffenen wesentlich kostengünstiger und dauert meistens nicht so lange wie eine gerichtliche Auseinandersetzung. Wie bereits erwähnt, haben bisherige Prozesse gegen Banken nur eine sehr geringe Erfolgsquote. Zudem ist nach einer gescheiterten gerichtlichen Auseinandersetzung der Weg für einen außergerichtlichen Vergleich in so gut wie allen Fällen verschlossen.

Auch ein Schlussstrich hat seinen Preis

Sabine und Dieter M. hatten keine großen Ansprüche und waren mit ihrem Leben zufrieden. Dieter, ein einfacher Arbeiter im kommunalen Dienst, verdiente rund 1800 Euro netto im Monat. Das war nicht viel, aber er hatte einen sicheren Arbeitsplatz, und weil Dieter fleißig war und gern arbeitete, konnte er mit einigen Überstunden sein Einkommen immer wieder aufbessern.

Sabine und Dieter lebten mit ihren beiden Kindern und Dieters Eltern in einem alten Bauernhaus, das seiner Familie schon seit Generationen gehörte. Der Vater hatte noch Landwirtschaft betrieben, sich dann aufs Altenteil zurückgezogen und die zum Hof gehörenden

Ländereien verpachtet. Das Haus selbst war seinem Sohn überschrieben worden, der den Eltern im Gegenzug ein lebenslanges Wohnrecht garantierte und ihnen monatlich eine kleine Rente zahlte. All das war schriftlich in einem Vertrag vereinbart, denn Ordnung musste schließlich sein.

In dieses harmonische Leben in einer idyllischen Landschaft in Süddeutschland drängte sich im Jahr 2007 ein Finanzberater. Er erzählte Sabine und Dieter das, was alle Schrott-Immobilienverkäufer ihren Opfern erzählen. Jemand, der heute noch Steuern zahle, sei dumm, da es doch die Möglichkeit gebe, fremdes Geld für sich arbeiten zu lassen und am Ende obendrein noch einen fetten Gewinn zu kassieren.

Etwas mehr Geld könne doch eigentlich jeder gebrauchen, um das Haus umzubauen und zu renovieren, wenn die Eltern vielleicht einmal nicht mehr sind, um sich ein neues Auto zu kaufen oder um die Kinder zum Studium in die Großstadt zu schicken. All das leuchtete Sabine und Dieter ein. Schließlich hatte der Finanzberater ja einen ganzen Berg von Tabellen und Berechnungsbeispielen mitgebracht, und Zahlen lügen ja bekanntlich nicht. Dachten sie.

Außerdem, und das war die Trumpfkarte, die der Berater noch im Ärmel hatte, käme er ja praktisch von der Deutschen Bank in Frankfurt. Also nicht direkt, aber alle Geschäfte würden von ihm gemeinsam mit der Deutschen Bank abgewickelt.

Über die Wohnung, die Sabine und Dieter kaufen müssten, um von dem Geldsegen zu profitieren, erzählte er nur wenig. Da bräuchte man auch nicht viel zu wissen. Die Wohnung sei vermietet, das Geld komme pünktlich, und die Bank sei mit allem einverstanden. Man kenne ja schließlich die Banken. Sie machten nur sichere Geschäfte und erst recht die Deutsche Bank. Sie habe schließlich mehr als nur Geld zu verlieren, nämlich auch ihren guten Ruf.

Den ganzen Papierkram regle er als Finanzberater mit der zuständigen Filiale, die ihm gut bekannt sei. Dafür sei er ja schließlich da. Sabine und Dieter müssten nur den Kreditantrag unterschreiben und das Kaufangebot für die Wohnung beim Notar. In den kommenden zehn Jahren würden sie dann aus der Steuerersparnis und der Miete die Darlehensraten bezahlen. Sie bräuchten das Darlehen nicht zu tilgen, denn das könnten sie ja mit dem Verkauf der Wohnung in zehn Jahren erledigen.

Zur Sicherheit ließ sich die Bank eine Grundschuld in Höhe des Kaufpreises von 165 800 Euro ins Grundbuch eintragen. Zusätzlich sollten Sabine und Dieter noch ein paar Fondsanlagen zeichnen. Das wäre ja nur eine zusätzliche Sicherheit, und das Geld würde ihnen ja später zur Verfügung stehen. Mit einem Betrag zwischen 120 und 135 Euro pro Monat und pro Anlage käme im Laufe der Zeit doch auch noch ein hübsches Sümmchen zusammen.

Nachdem alle Verträge unterzeichnet waren, fühlten sich Sabine und Dieter richtig glücklich. Ohne den Finanzberater hätten sie diese vielen Seiten mit Zahlen, Klauseln und Geschäftsbedingungen gar nicht bewältigen können. Dann kam irgendwann die Ernüchterung. Die Zinsen für das Darlehen betrugen monatlich 823 Euro. Die Raten für die Vermögensanlagen beliefen sich nochmals auf 380 Euro pro Monat. Dem standen die Mieteinnahmen in Höhe von 370 Euro gegenüber und ein Steuerfreibetrag von 320 Euro. 513 Euro mussten sie also jeden Monat selbst aufbringen.

Das war ihnen bei den Berechnungen durch den Finanzberater überhaupt nicht aufgefallen. Irgendwas muss er wohl vergessen haben, als er Einnahmen und Belastungen gegeneinander aufrechnete. Aber es half nichts. Sabine und Dieter saßen jetzt in der Immo-Falle. Sie sparten an allem und verzichteten auf vieles. Als Sabine und Dieter dann nach vier Jahren zu mir kamen, waren sie am Ende. Sie hatten nämlich herausgefunden, dass sie für die Wohnung wahrscheinlich mehr als doppelt so viel gezahlt hatten, als sie tatsächlich wert war. Immerhin betrug der Kaufpreis das 37-Fache dessen, was sie als Jahresmiete erhielten.

In meinem ersten Brief an die Deutsche Bank stellte ich Folgendes klar:

1. Meinen Mandanten wurde trotz bescheidener wirtschaftlicher Einkommensverhältnisse von der Bank ein Objekt in einer Größenordnung finanziert, das zum einen für die Mandanten weder auf Dauer bedienbar noch vom Kaufpreis her gerechtfertigt war. Aufgrund der Einkommens- und der Familienverhältnisse sind sie unpfändbar.

Zwischen dem Wert der Wohnung und dem Kaufpreis bestand und besteht ein ausgeprägtes Missverhältnis, sodass die Kriterien des Bundesgerichtshofes zur Sittenwidrigkeit bei Immobiliengeschäften gemäß verschiedener Urteile in vollem Umfang gegeben sind. Auch das Missverhältnis zwischen der Jahreskaltmiete und dem Finanzierungsbetrag ist so groß, dass es ebenfalls als sittenwidrig angesehen wird.

2. Die gesamte Art und Weise der Finanzierung lag angesichts der Situation meiner Mandanten völlig daneben. Ausgangspunkt für die Kaufentscheidung war neben vielen merkwürdigen Versprechen und Berechnungen auch die Behauptung des Vertriebsmitarbeiters, dass man das Objekt nach zehn Jahren mit Gewinn verkaufen könne, sodass die Tilgungsaussetzung keine Rolle spiele.

Die Mandanten hatten zur Deutschen Bank vorher keinen Kontakt und wurden erst durch die Vertriebsperson dazu gebracht, den Darlehensvertrag mit der Bank zu unterzeichnen. Aus all diesen Gründen habe ich die Forderung der Bank rein vorsorglich sowohl dem Grunde als auch der Höhe nach bestritten.

3. Angesichts der Aussichtslosigkeit der Weiterführung des Engagements kommt es in diesem Fall auf eine rechtliche Beurteilung nicht mehr an. Es durfte der Bank selbst vollkommen klar sein, dass eine weitere Bedienung des Engagements im bisherigen Umfang nicht mehr möglich ist.

Deshalb habe ich meinen Mandanten empfohlen, ab sofort nur noch die monatliche Kaltmiete in Höhe von 370 Euro an die Bank zu bezahlen und die Zusatzzahlungen sowie die Zahlungen für die untauglichen Vermögensanlagen einzustellen. (Dass das bei der Bank zu Konsequenzen führen würde, war mir durchaus bewusst.)

Eigentlich hätte man von der Bank erwarten können, dass sie eine angemessene Beratung angesichts der aus wirtschaftlichen Gründen völlig ungeeigneten Darlehensnehmer vornimmt und einer Vertriebsgruppe nicht die Möglichkeit gibt, zu einem solchen Preis wie in diesem Fall einen Finanzierungs- und Verkaufserfolg zu ermöglichen.

Die sofortige Abwicklung des Engagements mit Verwertung der Problemwohnung und der sonstigen Wertpapierdepots ist also sowohl ein Gebot der Vernunft, der Fairness und der angemessenen Beratungs- und Verhaltensweise gegenüber den Bankkunden, die unverschuldet in eine solche prekäre Situation geraten sind.

Nach einigem Hin und Her kündigte die Deutsche Bank Abteilung Kreditbetreuung, wie zu erwarten war, das Darlehen am 2. Oktober 2012. Neuer Ansprechpartner im Hause wurde die regional zuständige Abwicklungsabteilung. Diese teilte am 16. Oktober 2012 mit, dass sie aus der Verwertung des Beleihungsobjekts aktuell den Betrag von mindestens 65 000 Euro für die Bank erwarte.

Am 29. November 2012 wurde die Schrott-Immobilie dann verkauft, allerdings nur für einen erzielbaren Preis von 44 386,50 Euro. Der Marktwert war also deutlich niedriger, als die Bank angenommen hatte, und betrug fast nur noch etwas mehr als ein Viertel des ursprünglichen Kaufpreises. Durch den Verkauf der Wohnung fiel für Dieter M. natürlich auch der Steuerfreibetrag in Höhe von 320 Euro weg, was sich ungünstig auf seine Gehaltssituation auswirkte.

Nach der Kündigung des Darlehens am 2. Oktober 2012 belief sich die Forderung der Bank für die Rückzahlung des Darlehens und zum Ausgleich des Refinanzierungsschadens in Höhe von 26 697,12 Euro auf insgesamt 169 125,87 Euro. Nach dem Verkauf der Wohnung und der Fondsanteile betrug die Gesamtforderung der Bank am 23. Januar 2013 immer noch 124 108,92 Euro.

Das Bauernhaus, in dem die Eltern von Dieter M. ein dauerhaftes Wohnrecht hatten, hätte bei einem Verkauf höchstens 30 000 Euro erbracht. Der Verkauf hätte allerdings an der Gesamtsituation nichts Wesentliches geändert, da der Umzug der Familie in eine Mietwohnung nur zu weiteren Belastungen geführt hätte. In einem Gespräch mit der Bank machte ich deshalb den Vorschlag, dass das Gesamtengagement gegen eine Zahlung von 20 000 Euro beendet werden sollte. Also begannen wir jetzt, über die Möglichkeiten zu verhandeln, einen Schlussstrich unter die ganze Angelegenheit zu ziehen.

Die endgültige Lösung im April 2013 sah dann so aus, dass Sabine und Dieter M. bei einer anderen Bank einen Privatkredit über 30 000 Euro aufnahmen. Das wurde möglich, weil die Deutsche Bank auf einen Schufa-Eintrag verzichtete und der Sparkassenbrief von Dieter mit einer Laufzeit bis zum Jahr 2017 von der Bank freigegeben wurde, um dann als Sondertilgung verwendet werden zu können. Eine Grundschuld auf das Bauernhaus konnte nicht aufgenommen werden.

Dass die Bank auf einer Zahlung von einem Viertel der Restschuld, also 30 000 Euro statt 120 000 Euro, bestand, entspricht nicht unbedingt den üblichen Gepflogenheiten, war aber eine den wirtschaftlichen Verhältnissen angemessene faire Lösung. Damit Sabine und Dieter M. überhaupt den Privatkredit erhalten konnten, mussten sie als Sicherheit noch eine Risikolebensversicherung auf Gegenseitigkeit mit einem Einmalbetrag in Höhe von 2517 Euro abschließen.

Abschließende Beurteilung

Im Ergebnis wurden Sabine und Dieter M. von einer Belastung in Höhe von 90 000 Euro befreit. Sie können in ihrem Haus wohnen bleiben und in einigen Jahren ist auch die Schuldenfreiheit absehbar. Mehr kann man bei realistischer Betrachtung aller Umstände nicht erwarten. Wichtig ist jetzt, den Blick nach vorn zu richten und die Vergangenheit so zu akzeptieren, wie sie ist.

Was ist ein Refinanzierungs- oder Zinsverschlechterungsschaden?

Bei der Immobilienfinanzierung ist eine langfristige Zinsbindung üblich. Das heißt, die kreditgebende Bank verpflichtet sich, die Zinsen in dem vereinbarten Zeitraum konstant zu halten, unabhängig davon, ob sich der aktuelle Zinssatz ändert. Um diese Verpflichtung einhalten zu können, refinanziert die Bank üblicherweise den Kreditbetrag über entsprechend langfristige Einlagen oder Anleihen und natürlich zu dem zu diesem Zeitpunkt geltenden Zinssatz.

Wird der langfristige Kredit vorzeitig gekündigt, kann die Bank durch diesen Schritt einen sogenannten Refinanzierungsschaden, auch Zinsverschlechterungsschaden genannt, erleiden. Dieser Schaden entsteht, wenn der Marktzinssatz seit Abschluss des Kreditvertrages gesunken ist und die Bank vorzeitig zurückgezahlte Beträge lediglich zu einem niedrigeren Zinssatz erneut ausleihen kann. Praktisch handelt es sich um die Differenz zwischen dem Zinssatz des alten Darlehens und dem aktuellen Zinssatz für ein Darlehen mit einer Laufzeit, die der Restlaufzeit des Altdarlehens entspricht.

Der Refinanzierungsschaden bildet die Basis für die Berechnung der Vorfälligkeitsentschädigung, die die Banken bei vorzeitiger Kündigung eines langfristigen Festzinsdarlehens durch den Kreditnehmer fordern dürfen. Bei der Berechnung der Vorfälligkeitsentschädigung muss die Bank allerdings den errechneten Schadensbetrag um die im Darlehenszins erhaltene Risikoprämie sowie um den Anteil der Verwaltungskosten für die Restlaufzeit kürzen.

Man hätte es wissen können – mit dem Ruhestand ändert sich vieles

Als Hildegard N. im Jahr 2006 zu mir kam, war sie 65 Jahre alt und seit einem Jahr pensioniert. Zehn Jahre zuvor hatte sie sich in Berlin für 88 000 Euro eine knapp 50 Quadratmeter große Zweizimmerwohnung gekauft, die eigentlich ein Teil ihrer Altersversorgung hätte werden sollen. Die Betonung liegt auf »eigentlich«.

Denn nachdem Hildegard N. in den Ruhestand gegangen war, begann sie schmerzlich zu spüren, dass die Wohnung nur eine wirtschaftliche Belastung darstellte und keine Entlastung. Die Miete lag mit 255 Euro wesentlich niedriger als die Kosten für das Darlehen und für die Beiträge zur Kapitallebensversicherung, die sie abgeschlossen hatte, um den Kredit zu tilgen.

Zu dem Zeitpunkt, als sie die Wohnung gekauft hatte, verdiente Hildegard N. gut und hatte einen sicheren Arbeitsplatz. Die Zukunft war noch weit weg und vieles würde sich über Miet- und Immobilienpreissteigerungen von selbst regeln, versprach man ihr.

Tatsächlich endeten der Lebensversicherungs- und der Kreditvertrag erst am 1. September 2026, wenn sie bereits im 86. Lebensjahr stehen würde. Dass sie fast 20 Jahre die Kosten aus ihrer Rente würde bestreiten müssen, hatte sie nicht bedacht, und den Vertriebsleuten der Bank war es offensichtlich gleichgültig gewesen. Ihnen war es nur um die Vertragsabschlüsse und die damit verbundenen Provisionen gegangen und nicht um eine sachgerechte Beratung der Kundin.

Allerdings lohnte es sich 2006, als Hildegard N. mich aufsuchte, nicht mehr, in der Vergangenheit zu recherchieren. Die gegenwärtige Situation war eindeutig genug. Hildegard N. lebte durch die Verrentung in vollkommen veränderten persönlichen und wirtschaftlichen Verhältnissen, die ihr keinerlei Existenzperspektiven mehr boten.

Die vor zehn Jahren vereinbarten Regelungen und die damals getroffenen Entscheidungen konnten beim besten Willen nicht beibehalten werden. Dies erkannte auch die Bank, mit der ich schriftlich und in Gesprächen nach einer für beide Seiten akzeptablen Lösung suchte.

Allein aus den Jahresmieteinnahmen in Höhe von rund 3000 Euro ergab sich nach der Faustformel, dass sich der Marktwert einer vermieteten Wohnung auf das Zwölffache der Jahresmiete berechnen lässt, dass die Wohnung beim Verkauf nur 36 000 Euro erbringen könnte. Der Rückkaufwert der Kapitallebensversicherung betrug fast 12 000 Euro. Würde die Bank beides verwerten, kämen mit viel Aufwand gerade einmal 48 000 Euro zusammen.

Die Aussichten, die restlichen 40 000 Euro bis zum Lebensende von Hildegard N. eintreiben zu können, lagen praktisch bei null. Diese nüchterne, aber durchaus realistische Betrachtungsweise teilte auch die Bank. Wir einigten uns darauf, dass Hildegard N. die Wohnung und auch ihre Kapitallebensversicherung behalten kann, wenn sie der Bank überflüssigen Aufwand erspart und mit einer Ablösesumme von 48 000 Euro das Engagement bei ihr beendet.

Die Bank würde dann auch keine darüber hinausgehenden Forderungen aus dem Darlehen geltend machen und die Sicherheiten freigeben. Das heißt, dass Hildegard N. über ihre Lebensversicherung frei verfügen kann und die Eintragung der Bank ins Grundbuch gelöscht wird.

Ausschlaggebend für die Entscheidung der Bank war die wirtschaftliche Situation meiner Mandantin. Die Bank behielt sich jedoch vor, von der Vereinbarung zurücktreten zu dürfen, wenn sich die Angaben von Hildegard N. nachträglich als unzutreffend herausstellen sollten. Doch diese vorsorgliche Einschränkung war unbegründet.

Hildegard N. war ein riesiger Stein von der Seele gefallen, dass sie nicht auch noch für die übrigen 40 000 Euro geradestehen musste. Und ich war ihr behilflich, einen Kredit über die 48 000 Euro zu beschaffen. Immerhin war es danach für sie möglich, nicht nur die Lebensversicherung zurückzukaufen, sondern auch die Wohnung zu verkaufen.

Wenn beides erfolgreich gelingt, müsste sie nach einer internen Kalkulation für den Vergleich mit der Bank kaum etwas aufbringen. Und wenn sie beim Wohnungsverkauf geschickt ist, könnte sie sogar noch ein kleines Plus erwirtschaften, um die mit der gesamten Angelegenheit verbundenen Nebenkosten leichter bezahlen zu können.

Fazit

Viele Menschen haben in der Mitte ihres Lebens keine sehr konkrete Vorstellung davon, wie sich die folgenden Jahrzehnte entwickeln werden und was es tatsächlich bedeutet, Verträge mit einer Laufzeit von 30 Jahren abzuschließen. Die sogenannten Verhaltensökonomen wissen inzwischen aus empirischen Untersuchungen, dass die meisten Menschen versuchen, solche langfristigen finanziellen Engagements in der Zwischenzeit zu beenden. Sie kündigen dann ihre Kapitallebensversicherungen oder Bausparverträge oder suchen nach anderen Formen der Geldanlage.

In den meisten Fällen funktioniert das auch, selbst wenn Verluste hingenommen werden müssen. Bei Darlehensverträgen ist aber in der Regel nur eine Kündigung möglich, wenn man das Darlehen zurückzahlt, es sei denn, die Lebensumstände haben sich gravierend verschlechtert. Mit der Einsichtigkeit von Banken wie im Falle von Hildegard N. sollte man nicht in jedem Fall rechnen.

Hoffen, dass man es doch noch packt

»Wer Geld hat, kann spekulieren. Wer kein Geld hat, muss spekulieren.« Diesen Satz des Börsengurus André Kostolany hatte sich Paul M. zu Herzen genommen und mit Fingerspitzengefühl und etwas Glück an der Börse rund 50 000 DM verdient. Als im Jahr 1999 der Bundestag von Bonn in das Reichstagsgebäude in Berlin umzog, war ihm klar, dass die Immobilienpreise in Berlin von nun an nach oben gehen würden. Folglich rannte eine Württembergische Vertriebsgruppe bei ihm praktisch offene Türen ein, als sie ihm vorschlug, eine vermietete Immobilie in Berlin zu kaufen.

Paul M. war Polizist im Ruhrgebiet und als Beamter überaus kreditwürdig. Außerdem glaubte er damals noch, in der Lage zu sein, unlautere Machenschaften erkennen zu kennen. Also kaufte er, wie er glaubte, in Berlin-Mitte eine 50 Quadratmeter große Wohnung für 120 000 Euro aus dem Katalog. Die versprochenen Mietgarantien sollten bei zehn bis zwölf Euro pro Quadratmeter liegen und könnten ihm im günstigsten Fall Einnahmen in Höhe von 600 Euro pro Monat bescheren.

Die Vertriebsgruppe vermittelte Paul M. bei einer deutschen Großbank ein Immobiliendarlehen in Höhe von 110 000 Euro. Als zusätzliche Sicherheit wurde ihm auch noch eine Kapitallebensversicherung aufgeschwatzt, für die er monatlich 150 Euro Beitrag zu zahlen hatte. Das sei alles kein Problem, hieß es. Bei 600 Euro Mieteinnahmen pro Monat bleibe ihm immer noch genug übrig, um auch den Unterhalt für sein Kind, das bei seiner geschiedenen Frau lebte, zu zahlen. Doch schon bald lernte Paul M. die bittere Wahrheit kennen.

Seine Wohnung lag nämlich nicht, wie er dachte, im trendigen Stadtteil Berlin-Mitte, sondern in Hohenschönhausen, wo die Mieten längst nicht so hoch waren wie versprochen. Die Vermietung durch die Hausverwaltung erbrachte gerade einmal 129 Euro Grundmiete pro Monat. Die mit dem Wohnungskauf verbundenen Kreditkosten, die Versicherungsprämien und Verwaltungskosten beliefen sich aber monatlich auf insgesamt 765 Euro. Hinzu kamen außerdem immer wieder Instandhaltungskosten, die auf die Eigentümer der Wohnungen in diesem Wohnkomplex umgelegt wurden.

Als der Mieter die Mietzahlungen einstellte, musste Paul M. zusätzlich die Nebenkosten der Wohnung tragen. Um den Mieter aus der Wohnung zu klagen und sie anschließend wieder zu renovieren, wurden noch einmal rund 8000 Euro fällig. Als Paul M. dann im Jahr 2009 zu mir kam, war er finanziell am Ende. Durch hartnäckiges Verhandeln konnte ich erreichen, dass die monatlichen Zahlungen an die Bank sich zunächst nur noch auf die Mieteinnahmen beschränkten.

Natürlich war die Wohnung 1999 viel zu teuer gekauft worden. Aber immerhin konnte sie im Jahr 2010 für 22 000 Euro verkauft werden. Dann trat Paul M. auch seine Lebensversicherung an die Bank ab, womit seine Schulden sich um weitere knapp 15 000 Euro reduzierten. Nun stand immer noch eine Restforderung in Höhe von rund 70 000 Euro im Raum.

Da die Bank sich bei den Verhandlungen bereit erklärte, auf einen Schufa-Eintrag zu verzichten, konnte Paul M. bei seiner Bank ein Darlehen in Höhe von 10 000 Euro erhalten, die ebenfalls in die Ablösung der Kreditforderungen gingen. Dass die Bank dann im

Jahr 2011 auf ihre Restforderung von etwas weniger als 60 000 Euro verzichtete, ist ein gutes Beispiel dafür, dass sich auch bei den Banken ein Umdenken eingestellt hat.

Wie ist dieser Fall zu bewerten?

Natürlich hat Paul M. grobe Fehler gemacht, wahrscheinlich besonders deshalb, weil er sich als Polizist in der Lage wähnte, Betrüger zu erkennen. Er glaubte den Berechnungen der Verkäufer und informierte sich nicht vor Ort über die Lage und die Qualität der zu erwerbenden Immobilie. Dass die versprochenen Steuerersparnisse zu hoch angesetzt waren im Verhältnis zu dem relativ niedrigen Einkommen, wurde übersehen.

Aber auch die Bank war angesichts des Immobilienbooms in Berlin leichtsinnig. Sie bewertete die Kreditwürdigkeit des Beamten zu hoch, und sie nahm die in Aussicht gestellte Mietgarantie für bare Münze. Wie hoch der Verlust von Paul M. in den zehn Jahren als Immobilienbesitzer tatsächlich war, lässt sich heute nicht mehr ausrechnen. Aber er ist wenigstens noch mit einem blauen Auge davongekommen.

Der doppelte Schicksalsschlag

Marie Luise P. lernte ihren Mann Konrad erst im fortgeschrittenen Alter kennen. Er war die große Liebe ihres Lebens. Sie wusste von ihm nur das, was er erzählte. Ein Jahr nach der Hochzeit erlitt Konrad mit 62 Jahren einen Schlaganfall, an dessen Folgen er wenige Tage später starb. Für die damals 59-jährige Marie Luise war dies ein herber Schicksalsschlag. Jetzt musste die Rechtsanwaltsfachgehilfin wieder allein leben. Doch es kam noch schlimmer.

Sie war die Alleinerbin ihres Mannes, und es stellte sich heraus, dass Konrad schon in der Zeit, bevor sie sich kennengelernt hatten, eine 53 Quadratmeter große Wohnung in der schwäbischen Kleinstadt Dillingen gekauft hatte. Den Preis von 120 000 Euro hatte er auf Kredit finanziert. Erzählt hatte Konrad ihr davon nie etwas. Marie Luise versuchte die Wohnung zu verkaufen, aber man bot ihr nur 35 000 Euro. Mehr war die Wohnung nämlich nicht wert.

Marie Luise konnte die Wohnung nicht behalten, so viel war ihr klar, und sie konnte mit ihrem Gehalt in Höhe von 1100 Euro netto auch nicht die monatlichen Kreditzinsen bezahlen. Sie war total verzweifelt, weil ihr zunächst niemand einen Weg aus dieser vertrackten Situation weisen konnte. Dann rief sie bei Andrea Reiser von der Schutzgemeinschaft für Immobiliengeschädigte e.V. an, die sie an mich verwies.

Was war passiert?

Konrad P. war offensichtlich vor einigen Jahren in die Immo-Falle getappt. Wie das geschehen war, ließ sich nicht mehr rekonstruieren und spielte jetzt auch keine Rolle mehr. Er hatte die Wohnung für mehr als den dreifachen Preis ihres tatsächlichen Wertes gekauft und wahrscheinlich gehofft, mit dem Verkauf nach zehn Jahren beim Renteneintritt seine Rente aufbessern zu können. Bis dahin sollten nur die Zinsen gezahlt werden, aber keine Tilgung.

Hätte Konrad P. mit seiner frisch angetrauten Frau über seinen Fehler gesprochen, hätte sie die Möglichkeit gehabt, dieses belastende Erbe auszuschlagen. Die Wohnung wäre dann ohne weitere Folgen an den Staat gegangen, da seine Frau den Kauf und den Kreditvertrag damals ja nicht mit unterzeichnet hatte. Ein Erbe kann man nur innerhalb von sechs Wochen, nachdem man von dem Todesfall erfahren hat, ausschlagen. Diese Frist hatte Marie Luise leider verpasst.

Also begann ich, mit der kreditgebenden Bank zu verhandeln. Zu holen war für die Bank bei Marie Luise ohnehin kaum etwas. Sie hatte nur ein niedriges Einkommen, kein eigenes Vermögen und stand kurz vor der Rente. Nach fünf Monaten stimmte die Bank zu, die Wohnung zum Marktwert zu verkaufen. Außerdem bekam sie noch 8000 Euro, die sich auf dem Girokonto von Konrad P. befunden hatten. Danach schloss die Bank die Akten.

Marie Luise war jetzt schuldenfrei. Die Wohnung, in der sie mit Konrad gelebt hatte, gab sie auf und zog in eine kleinere, deren Miete sie von ihrem Gehalt bezahlen konnte. Alle Pläne, die Konrad und Marie Luise für den Lebensabend geschmiedet hatten, waren geplatzt. Aber wahrscheinlich wäre das in ein paar Jahren ohnehin der Fall gewesen, wenn Konrad seinen Fehler hätte beichten müssen.

Ein knallharter Betrug

Attraktive Mietwohnungen sind in München schon lange knapp und teuer. Deshalb hielt sich Richard E. zunächst für einen Glückspilz, als ausgerechnet ihm 2007 eine neue, nach zeitgemäßem Standard ausgebaute Dachwohnung im nahen Augsburg zu einem günstigen Preis angeboten wurde, die sich garantiert gut vermieten ließ. Als Kurierfahrer verdiente er zwar nicht viel Geld, aber bei einer sparsamen Lebensweise könnte er es schaffen, die monatlichen Darlehensraten zu bezahlen. Von nichts kommt schließlich auch nichts.

Natürlich lag die Wohnung nicht gerade in einem Trendviertel, aber sie hatte mit 69 Quadratmeter Wohnfläche eine Größe, die für viele interessant ist. Der Preis von 1971 Euro pro Quadratmeter war ohne Zweifel recht günstig, denn selbst nicht sanierte Wohnungen waren mitunter teurer. Insgesamt sollte die Wohnung 136 000 Euro kosten und zu 100 Prozent finanziert werden, was einer monatlichen Belastung in Höhe von 772 Euro für Darlehenszinsen und Tilgung entsprach. Dazu kam dann auch noch das Hausgeld von 65 Euro. Im Jahr 2007 lag die Nettomiete für solche Objekte schon bei zehn Euro pro Quadratmeter. Die Wohnung würde also pro Monat rund 690 Euro bringen. Das rechnete sich.

Allerdings hatte die Sache einen Haken. Zum Zeitpunkt des Kaufs war die Wohnung noch ein unausgebauter Dachboden mit nackten Dachbalken, und es gab nur eine Nummer in der Teilungserklärung. Aber schließlich existierte ein notarieller Kaufvertrag über die Erstellung eines Bauwerks. Als Datum der Fertigstellung war darin der 30. September 2008 festgelegt. Es war vereinbart worden, dass die Bank den Kaufpreis in Raten entsprechend dem Baufortschritt an den Verkäufer auszahlen sollte. Richard E. wähnte sich also auf der sicheren Seite.

Doch es kam anders. Der Bau machte absolut keine Fortschritte, und der Dachboden ist auch heute immer noch ein Dachboden, aber keine Wohnung. Trotzdem zahlte die Bank inzwischen die gesamte Kaufsumme an den Verkäufer aus, ohne sich ein Bild über die Entstehung der Wohnung zu machen. Da der Verkäufer eng mit der Bank zusammenarbeitete, ist zu vermuten, dass die Bank von eigenen Mitarbeitern getäuscht worden ist.

Natürlich wusste die Hausverwaltung darüber Bescheid, was im Haus passierte, beziehungsweise nicht passierte. Immerhin bezahlte sie Richard sechs Monate lang eine Garantiemiete, um ihn im Glauben zu lassen, dass alles seine Ordnung hatte. Über den Verkäufer ist inzwischen auch bekannt, dass er nicht nur an Richard E., sondern auch an andere Interessenten unausgebaute Wohnungen veräußert hat, für die er zwar kassiert hat, aber die nicht fertiggestellt worden sind. Es handelt sich also um einen klassischen Betrugsfall.

Mein Mandant könnte jetzt natürlich zur Staatsanwaltschaft gehen und mit einem erheblichen juristischen und finanziellen Aufwand die Strafverfolgung des Vermittlers, des Verkäufers, der Hausverwaltung und der Bank beantragen. Das würde für die Bank wahrscheinlich einen großen Imageschaden darstellen und sie viele neue Kunden kosten.

Deshalb einigte ich mich mit der Bank so, dass diese ihre Zahlungsforderungen einstellt und intern der ganzen Angelegenheit nachgeht, um die Verantwortlichen in den eigenen Reihen zu finden. Ob es dann zu einer Strafverfolgung kommt, mögen meine juristischen Kollegen bei der Bank entscheiden. Man geht dort zurzeit davon aus, dass sich der unausgebaute Dachboden für 400 Euro pro Quadratmeter, insgesamt also für rund 27 600 Euro verwerten lassen wird. Das würde nach bisherigen Informationen von der Bank akzeptiert werden, um Richard E. schuldenfrei stellen zu können.

Im Übrigen ist die Eintragung der Eigentumsumschreibung zugunsten von Richard E. bis heute nicht erfolgt, ebenso wenig wie die Löschung der Grundschuld des Verkäufers im Grundbuch, was Richard E. dann aber nicht mehr weiter interessieren muss.

Abschließende Beurteilung

Dieser Fall wird sich durch ein konstruktives und wirtschaftlich sinnvolles Mitwirken der Bank so regeln lassen, wie es dem Rechtsempfinden eines jeden Bürgers entspricht. Denn diesmal können sich die Immobilienbetrüger nicht darauf verlassen, einen einfachen und ehrlichen Menschen als Kontrahenten zu haben, sondern eine große Bank, die ihnen nicht als kleine Laus auf den Pelz rückt, sondern als mächtiger Gegner, dem viel Erfolg zu wünschen ist.

Wenn die Bank auf Zeit spielt

Marlena und Boris V. waren überglücklich, als sie in der zweiten Hälfte der 1990er-Jahre als Russlanddeutsche endlich in die Bundesrepublik ausreisen durften. Sie sprachen zwar kaum Deutsch, hatten aber den festen Willen, sich mit Fleiß und Sparsamkeit ihren eigenen Traum vom Wirtschaftswunder zu erfüllen. Dafür waren sie auch bereit, viel und hart zu arbeiten.

In Süddeutschland fand Boris einen gut bezahlten Arbeitsplatz in der Automobilindustrie, und auch Marlena suchte sich einen Job. Als Doppelverdiener kamen sie ihrem ersten großen Ziel schnell näher, einer kleinen Wohnung, die im Alter ihnen gehören würde und in der sie dann sorgenfrei leben könnten. Verwirklicht wurde dieser Traum mit einem Darlehen in Höhe von 92 000 Euro.

Irgendwie gerieten Marlena und Boris durch den Kauf dieser Wohnung ins Visier einer Drückerkolonne, die Schrott-Immobilien verkaufte. Das Ehepaar V. war das ideale Opfer. Beide hatten feste und langfristig sichere Arbeitsplätze, beide waren zukunftsorientiert und glaubten an die Segnungen der Marktwirtschaft, beide hatten nur wenig Ahnung von der deutschen

Rechtsordnung und sprachen auch jetzt noch nicht viel Deutsch.

Also verkaufte ihnen der Strukturvertrieb eine vermietete Dachgeschosswohnung in Berlin, die höchstens ein Fünftel dessen wert war, was sie gekostet hatte. Eine typische Schrott-Immobilie, die dem Ehepaar zu 100 Prozent von der Dresdner Bank finanziert wurde. Abgesichert wurde das Darlehen durch eine Lebensversicherung, die ihnen die Struckies auch noch aufs Auge drückten.

Fast zehn Jahre lang zahlten Marlena und Boris den größten Teil ihres monatlichen Einkommens an die Banken und für den Beitrag zur Lebensversicherung. Die Kosten für die Wohnung in Berlin waren viel höher, als man ihnen vor Unterzeichnung des Kreditvertrags und dem Abschluss der Lebensversicherung erklärt hatte. Finanziell kamen sie gerade so über die Runden.

Die Probleme begannen, als Boris im Februar 2009 für 18 Monate auf Kurzarbeit gesetzt wurde. Zum Glück zögerten die beiden nicht lange, sondern wendeten sich an mich. Da keine Tilgung des Darlehens erfolgte, sondern der gesamte Darlehensbetrag erst mit der Auszahlung der Kapitallebensversicherung in schätzungsweise 20 Jahren beglichen werden sollte, schlug ich der Dresdner Bank vor, die Wohnung in Berlin zu verkaufen und die Lebensversicherung aufzulösen.

Nach der erfolgten Abwicklung der Sicherheiten verbliebe dann noch ein ungedeckter Restbetrag, über den unter Berücksichtigung der persönlichen und wirtschaftlichen Verhältnisse meiner Mandanten eine entsprechende Lösung gefunden werden müsste. Ich empfahl dem Ehepaar V., ab sofort nur noch die monatliche

Nettomiete in Höhe von 202 Euro, die sie von ihrem Mieter erhalten, an die Bank zu überweisen.

Nach einigen Schriftwechseln machte ich der Bank einen ganz konkreten Vorschlag. Der lautete: »Im Hinblick auf die Verbindlichkeiten von ca. 78 000 Euro, die Verwertung der Wohnung mit 14 700 Euro und einem voraussichtlichen Rückkaufwert der Lebensversicherung von ca. 10 000 Euro verbleibt noch eine Restschuld von 53 000 Euro. Entsprechend den Gepflogenheiten Ihres Hauses mit Vergleichen und Abwicklungen bei schwierigen wirtschaftlichen Verhältnissen mit einer Quote von ca. 30 Prozent rege ich an, diese Angelegenheit nunmehr abschließend mit 15 000 Euro als Schlussvergleichszahlung abzuwickeln.«

Die Bank entschied sich jedoch anders und traf mit meinen Mandanten direkt eine Zwischenregelung bezüglich der monatlichen Zahlungen. Knapp zwei Jahre später unternahm ich Mitte November 2010 einen erneuten Vorstoß. Eigentlich kannte ich die Bank als fair und konstruktiv. In diesem Fall jedoch versuchte sie, die Darlehensnehmer durch Vollstreckungsmaßnahmen zu bestrafen. Das hatte bei Marlena jetzt zu einem Nervenzusammenbruch geführt.

Natürlich hätte man gerade in diesem Fall die BaFin oder den Ombudsmann einschalten können. Es wäre auch möglich gewesen, gegen das Vollstreckungsverfahren zu klagen. Nur hätte das alles meinen Mandanten nicht schnell und unbürokratisch aus der Misere geholfen. Also versuchte ich, kurzfristig eine verfahrensbeendende Regelung zu treffen. Dieser Weg ist in den meisten Fällen auch erfolgreich. Hier zögerte sich die Entscheidung der Bank aber weiter hinaus.

Zum 31. Dezember 2010 wurde Marlena dann aus betriebsbedingten Gründen gekündigt. Eine neue Arbeitsstelle fand sie nicht. Das Ehepaar war nach dieser unverschuldeten Veränderung ihrer Lebenssituation nun nicht mehr in der Lage, weiterhin monatlich 550 Euro an die Bank zu bezahlen, was sie ohne mein Zutun zugesagt hatten. Marlena und Boris überlegten jetzt ernsthaft, Privatinsolvenz zu beantragen.

Von Boris Einkommen in Höhe von 2100 Euro monatlich wären ca. 650 Euro pfändbar. Bei einer Verbraucherinsolvenz hätten sich die Dresdner Bank und die Bank, die die selbst genutzte Wohnung finanziert hatte, diesen Betrag teilen müssen. In der sechs Jahre dauernden Insolvenzzeit würde für die Dresdner Bank kaum mehr als 15 000 Euro zusammenkommen, immer vorausgesetzt, dass der Verkauf der selbst genutzten Wohnung positiv verläuft.

Ich erlaubte mir, in einem Brief vom Februar 2011 die Bank auch daran zu erinnern, dass sie Schadensminderungspflichten hat und dass ein Insolvenzverwalter die ganze Angelegenheit auch anders sehen könnte und möglicherweise Zahlungen im Zusammenhang mit dem Darlehen zurückfordern würde. Gleichzeitig schlug ich eine abschließende Vergleichszahlung in Höhe von 20 000 Euro vor, um die monatlichen Zahlungen von 550 Euro zu beenden, da diese eine erhebliche Belastung für das Ehepaar darstellten. Doch die Bank bewegte sich nicht.

Wieder ging Zeit ins Land. Mein bisheriger Ansprechpartner, die Dresdner Bank AG Forderungsmanagement in Leipzig, war in der Zwischenzeit wegen der Übernahme der Dresdner Bank durch die Commerzbank bei der Abwicklungsabteilung der Commerzbank angesiedelt.

Fast ein Jahr später, am 31. Januar 2012, war klar, dass Marlena ab März 2012 keinen Anspruch mehr auf Hartz-IV-Leistungen haben würde. Aber immerhin hatte Boris noch einen Nettoverdienst von rund 2000 Euro, auf den die Bank erpicht war. Allerdings mussten die beiden davon monatlich 480 Euro an die DSL-Bank zahlen, um in ihrer Wohnung bleiben zu können. Die Wohnung aufzugeben und eine andere anzumieten, machte keinen Sinn, da die Mietkosten in gleicher Höhe liegen würden und die Einnahmen aus dem Verkauf an die DSL-Bank gingen.

Inzwischen war die Zahlung an die Commerzbank auf nunmehr 350 Euro pro Monat gesenkt worden. Allerdings blieb die Bank bei ihrer Annahme, dass sie im Falle einer Privatinsolvenz des Ehepaars V. monatlich 500 Euro erhalten könnte.

Dem widersprach ich nachdrücklich und wies der Bank nach, dass sie allerhöchstens Zahlungen von 250 Euro erwarten könnte, vorausgesetzt, das Arbeitsverhältnis von Boris bliebe in der damals noch sechsjährigen Wohlverhaltensperiode, die einer Privatinsolvenz folgt, unverändert. Aus wirtschaftlicher Sicht wäre eine abschließende Sofortzahlung für die Bank günstiger, besonders da die Verwertung der Schrott-Immobilie in Berlin nur 20 Prozent des seinerzeitigen Kaufpreises gebracht hatte. Warum dies nicht einzusehen war, blieb mir rätselhaft.

Kurz darauf, am 13. März 2012, erlitt Boris einen Herzinfarkt und befand sich noch im Juni 2012 in einer Rehaklinik. Marlena war durch die Ereignisse und durch den psychischen Druck, der vonseiten der Bank ausgeübt wurde, gesundheitlich angeschlagen und würde in Zukunft keine Chance mehr haben, noch eine Arbeitsstelle zu bekommen. Boris Krankengeld betrug jetzt nur noch 70 Prozent des Arbeitslohns.

Ich fragte mich ernsthaft, welche Gründe die Bank veranlassen könnten, so unerbittlich auf ihren Forderungen zu beharren, wo doch tatsächlich kein Ende abzusehen war.

Bisher hatte ich in fast allen Fällen mit der Commerzbank eine vernünftige Lösung finden können, aber in diesem Fall wurde sie immer wieder aus nicht nachvollziehbaren Gründen hinausgeschoben. Marlena und Boris zogen durchaus in Erwägung, die Öffentlichkeit um Hilfe zu bitten, da eine diskrete und unspektakuläre Lösung für ihre Probleme einfach nicht erkennbar wurde.

Rund eineinhalb Jahre später, im Oktober 2013, hatte ich einen neuen Ansprechpartner in der Abwicklungsabteilung. Ich machte ihm deutlich, dass die monatliche Zahlung in Höhe von 350 Euro bei einer immer noch bestehenden Restschuld von 60 000 Euro keine Lösung darstellt. Selbst wenn diese Zahlung nur zur Tilgung der Schuld verwendet werden würde und keinen Verzinsungsanteil enthielte, würde sich die Angelegenheit noch 14 Jahre hinziehen und die Bank mit Verwaltungskosten belasten.

Eine vernünftige Lösung könnte nur so aussehen, dass die Eheleute V. auf die Restsumme eine Abschlusszahlung von 25 Prozent leisten und man mit diesen 15 000 Euro einen Schlussstrich zieht. Einen Monat später lenkte die Bank ein und war bereit, zum 15. Dezember 2013 gegen Zahlung von 15 000 Euro auf weitere Forderungen zu verzichten.

Abschließende Bewertung

Warum sich die Verhandlungen in diesem Fall über vier Jahre hingezogen haben und damit eine der längsten gewesen sind, die ich in meiner Kanzlei geführt habe, entzieht sich meiner Kenntnis, hat aber sicherlich auch damit zu tun, dass durch die Fusion der Dresdner Bank mit der Commerzbank bis zur endgültigen Klärung der jeweiligen Zuständigkeit zahlreiche Sachbearbeiterwechsel vorgenommen worden sind.

Was ist die BaFin?

Die Bundesanstalt für Finanzdienstleistungsaufsicht (BaFin) in Berlin ist eine Anstalt des öffentlichen Rechts und untersteht der Aufsicht des Bundesministeriums für Finanzen. Aufgabe der BaFin ist es, alle Bereiche des Finanzwesens in Deutschland zu beaufsichtigen und zu kontrollieren. Dazu gehören die Banken, Versicherungen und der Handel mit Wertpapieren.

Die BaFin trägt sowohl für die Anbieter als auch für die Konsumenten Verantwortung. Anlegern, Bankkunden und Versicherten soll sie das Vertrauen in die Finanzmärkte und die darin agierenden Gesellschaften sichern. Erhalten die Banken von ihren Kunden Beschwerden zur Anlageberatung, müssen sie diese an die BaFin melden.

Jeder Verbraucher hat das Recht, sich über die von der BaFin beaufsichtigten Institute zu beschweren. Dabei entstehen keine

Kosten. Bei jeder Beschwerde wird geprüft, ob aufsichtsrechtliche Maßnahmen erforderlich sind oder ein Verstoß gegen gesetzliche Bestimmungen vorliegt.

Falls die Behörde im Zuge der Aufsicht Tatsachen ermittelt, die den Verdacht einer Straftat begründen, wie zum Beispiel Kapitalanlagebetrug, ist diese berechtigt, teilweise sogar verpflichtet, diese Tatsachen an Strafverfolgungsbehörden weiterzuleiten.

Was ist ein Ombudsmann?

Ein Ombudsmann oder eine Ombudsfrau ist eine unparteiische Person, die die Aufgabe hat, Streitfälle ohne großen bürokratischen Aufwand zu schlichten. Ombudsleute gibt es in den verschiedensten Organisationen und Institutionen, unter anderem in den Verbänden von Banken, Sparkassen, Bausparkassen und Versicherungen.

Jeder Privatkunde, der meint, durch das Verhalten seiner Bank einen Nachteil erlitten zu haben, kann sich schriftlich an die Kundenbeschwerdestelle beim Bundesverband Deutscher Banken wenden. Der Kunde muss den Sachverhalt schildern und seine Ansprüche benennen sowie Kopien notwendiger Unterlagen beifügen. Die Beschwerdestelle prüft die Beschwerde auf Zulässigkeit und Zuständigkeit und sichtet die Unterlagen auf Vollständigkeit.

Hält die Beschwerdestelle die Beschwerde für unzulässig, legt sie diese dem Ombudsmann vor, der dann über die Zulässigkeit entscheidet. Unzulässig ist die Beschwerde zum Beispiel, wenn die Angelegenheit bereits bei einem Gericht anhängig ist oder zwischen dem Beschwerdeführer und der Bank keine Kundenbeziehung besteht.

Eine zulässige Beschwerde wird an die betroffene Bank weitergeleitet. Diese muss innerhalb eines Monats dazu Stellung nehmen. Wenn die Bank dem Kunden recht gibt und die Meinungsverschiedenheit im Sinne des Kunden regelt, hat sich das Schlichtungsverfahren erledigt. Andernfalls wird der Bankkunde von der ablehnenden Haltung der Bank unterrichtet und auf die Möglichkeit hingewiesen, sich innerhalb eines Monats nochmals zu äußern.

Danach wird der Vorgang dem Ombudsmann zur Entscheidung vorgelegt. Dieser trifft einen Schlichtungsspruch und teilt seine Entscheidung beiden Parteien unmittelbar mit. Damit ist das Schlichtungsverfahren beendet. Für den Privatkunden ist das Schlichtungsverfahren kostenlos. Ein Rechtsmittel gegen den Schlichtungsspruch gibt es nicht. Ist der Kunde mit der Entscheidung des Ombudsmannes nicht einverstanden, kann er auch anschließend sein Anliegen vor Gericht weiterverfolgen.

Die Tendenz der Entscheidungen der Ombudsmänner ist überwiegend nicht im Sinne geschädigter Kapitalanleger. Gerade für Schrott-Immobilienfälle ist die Einschaltung eines Ombudsmannes daher wenig zielführend, da von diesem nur ganz selten weitreichende Entscheidungen gegenüber der angegriffenen Bank getroffen werden. Dem Anleger helfen in seiner problematischen Situation nur merkbare Einschnitte, und diese werden dann von der gegnerischen Bank üblicherweise abgelehnt, sodass der Betroffene durch diese Vorgehensweise zumeist ein halbes Jahr verloren hat.

Eine ganz knappe Lösung

Klaus-Peter L. und seine Frau Susanne wohnen zur Miete in einer Großwohnsiedlung in Berlin-Hellersdorf. Die Menschen, die in diesem Stadtviertel leben, gehören hauptsächlich zur mittleren und unteren Einkommensschicht. So wunderte sich Klaus-Peter L., als es im Jahr 2001 eines Abends an seiner Haustür klingelte und ein hochgewachsener, gut gekleideter und gepflegt aussehender Mann sich als Mitarbeiter einer Finanzberatung vorstellte und ihm anbot, ihn über Möglichkeiten zur Steuereinsparung zu informieren.

Anders als seine Nachbarn, die dem Mann wahrscheinlich die Tür vor der Nase zugeschlagen hatten, sagte sich Klaus-Peter, dass er den Besucher ja zunächst einmal anhören könnte, um dann zu entscheiden, ob das Angebot für ihn interessant wäre oder nicht. Also bat er den Mann herein. Der zog dann einen Hochglanzprospekt aus seinem edlen Aktenkoffer und erklärte wortreich und im Detail, wie man auch mit wenig Geld innerhalb von zehn Jahren durch Steuerersparnisse und die richtige Geldanlageform ein kleines Vermögen machen könnte.

Klaus-Peter war interessiert, wollte aber die Details erst noch mit seiner Frau besprechen. Die beiden Männer vereinbarten, in Kontakt bleiben zu wollen. Kurz danach erhielten die Eheleute eine Einladung in die Firmenzentrale der Finanzberatung in der Nähe des Kurfürstendamms. Dort wurde ihnen der Kauf einer vermieteten Eigentumswohnung für 73 000 Euro noch einmal schmackhaft gemacht und schöngerechnet.

Das ganze finanzielle Engagement sollte ja auch nur zehn Jahre dauern, dann würde das Geld fließen. 50 Euro Lohnsteuerersparnis erhielt Klaus-Peter L. aber schon ab sofort Monat für Monat. Irgendwie leuchteten den beiden die Argumente ein, und sie fuhren zusammen mit dem Verkäufer um 18.00 Uhr gleich zum Notar. Eine Besichtigung der Wohnung sei um diese Zeit leider nicht mehr möglich, aber man könne sie bei nächster Gelegenheit nachholen, hieß es.

Klaus-Peter L. erhielt zwar keine Mietgarantie, aber der Mitarbeiter der Finanzberatung besorgte ihm zur Finanzierung der Wohnung einen Kredit bei der Sparda-Bank Berlin. Als monatliche Rate für Zinsen und Tilgung wurden 365,75 Euro vereinbart, was der monatlichen Warmmiete einschließlich aller Nebenkosten entsprach. Die Kaltmiete selbst betrug nur 160 Euro. Das Geld von der Mieterin kam zwar pünktlich, wurde aber umgehend an die kreditgebende Bank überwiesen.

Was vorher nicht berücksichtigt worden war, war das Hausgeld für die vermietete Wohnung in Höhe von 207 Euro monatlich, das die Eheleute L. ja neben der Miete für die eigene Wohnung zusätzlich aufbringen mussten. Das Ehepaar konnte nun weder etwas sparen noch sich etwas leisten. Herr L. bemühte sich zwar um eine Rückabwicklung des Kaufvertrages und erkundigte sich bei einem Anwalt, doch überall erhielt er die Auskunft, dass alles beim Kaufvertrag rechtens gewesen und eine Rückabwicklung nicht möglich sei.

Dann meldete sich die Mieterin, weil bei ihr der Warmwasserboiler und die Fenster repariert werden mussten. Auch diese Kosten übernahm Klaus-Peter, um zu verhindern, dass die Mieterin auszöge und dann gar keine Einnahmen mehr kämen. Allerdings war das sechsgeschossige Haus, in dem die Wohnung lag, in einem so schlechten Zustand, dass das Ehepaar L. dort selbst nicht mehr eingezogen wäre. Denn auch das hatten sich die beiden überlegt, aus der vermieteten Eigentumswohnung eine selbst genutzte zu machen.

Die finanzielle Situation spitzte sich immer mehr zu. Deshalb nahmen Klaus-Peter und Susanne bei ihrer Sparkasse einen Verbraucherkredit auf, für den sie monatlich 388,99 Euro abbezahlen mussten und mit dem sie dann die Kosten für den anderen Kredit und die Hausverwaltung zu decken versuchten. Eine unglückliche Konstruktion. Nachdem nun zehn Jahre ins Land gegangen waren und sie den Verkauf der Wohnung in Angriff nehmen wollten, stellte sich heraus, dass diese nicht 73 000 Euro wert war, sondern allenfalls 35 000 bis 40 000 Euro, und natürlich auch nicht an Wert gewonnen hatte.

In dieser Situation wandte sich Herr L. an mich. Seine Frau war inzwischen schwer erkrankt und seit Längerem arbeits- und berufsunfähig. Sie erhielt nur noch ein geringes Krankengeld, was zusammen mit dem monatlichen Nettogehalt ihres Mannes in Höhe von 1400 Euro nicht ausreichte, um das Existenzminimum und die zusätzlichen Zahlungsverpflichtungen abzudecken. Klaus-Peter hatte zwar einen sicheren Job bei der städtischen Müllabfuhr, aber das allein half auch nicht.

Inzwischen war zwar der Kredit von 73 000 Euro auf 63 000 Euro getilgt worden, aber auch nach dem Verkauf der Wohnung blieb noch eine stattliche Restsumme übrig.

Erst nach hartnäckigen Verhandlungen mit der Bank wurden die Eheleute L. aus ihrer Zahlungsverpflichtung gegen eine kleine Zahlung von 3000 Euro entlassen. Allerdings hatten sie jetzt einen Schufa-Eintrag, der es ihnen in den nachfolgenden Jahren nicht ermöglichen würde, einen Verbraucherkredit zu erhalten, wenn wirklich einmal Not am Mann wäre.

Wie ist dieser Fall zu bewerten?

An der Haustür werden heute normalerweise nur noch Spenden gesammelt und gelegentlich hochpreisige Staubsauger verkauft. Finanzgeschäfte sollte man wirklich nie an der Haustür abschließen. Herr und Frau L. ließen sich viel zu lange hinhalten, bevor sie mich einschalteten, und versuchten, ihren Fehler selbst zu korrigieren. Das ist mangels juristischer Erfahrung jedoch meist nicht möglich.

Man kann zwar beim Notar entsprechende Klauseln in den Kaufvertrag schreiben lassen, die einem unter bestimmten Bedingungen den Rücktritt ermöglichen, nur sind die meisten Käufer juristisch in keiner Weise versiert genug, dies überhaupt in Betracht zu ziehen. Verkäufer werden sich ohnehin mit Händen und Füßen dagegen sträuben, und auch der Notar möchte gern Zeit sparen und nicht den von ihm entworfenen oder zumindest durchgesehenen Vertrag vollkommen umschreiben.

Ohne Anwalt geht es nicht

Ich wiederhole mich jetzt, wenn ich sage, dass jemand, der durch den Kauf und die Finanzierung einer Schrott-Immobilie in eine finanzielle Notsituation geraten ist, sich unbedingt professionelle Hilfe suchen sollte. Die Frage ist allerdings, wer in solch einer ganz speziellen Situation helfen kann. Die meisten Institutionen denken nur in einer für sie typischen Systematik.

Da gibt es zum Beispiel die klassischen Schuldnerberatungen, die von staatlichen oder halbstaatlichen Stellen angeboten werden, aber auch von Organisationen wie der Caritas. Hier steht in der Regel die Privatinsolvenz im Mittelpunkt aller Überlegungen. Die Beratung betrachtet die gesamte Situation des Betroffenen unter dem Insolvenzgedanken. Man hilft bei der Erstellung des Insolvenzantrages und bei der Abwicklung des gesamten Verfahrens.

Eine Privatinsolvenz hat aber eine einschneidende Wirkung auf das gesamte Leben des Schuldners. Da es aus meiner Sicht in vielen Fällen weitaus bessere Lösungen gibt, ist für mich die Privatinsolvenz eines Mandanten nur der allerletzte Ausweg, wenn keine anderen Möglichkeiten mehr bestehen.

Da viele Schuldner in der Privatinsolvenz aber die Lösungsmöglichkeit ihrer finanziellen Probleme sehen, gehen sie zu einer Beratungsstelle und sagen von vornherein, sie müssen eine Privatinsolvenz beantragen. Die Beratungsstellen prüfen zwar, ob die Voraussetzungen dafür gegeben sind, was fast immer der Fall ist, aber sie untersuchen nicht, ob es auch andere Möglichkeiten gibt, weil diese eben nicht zu ihrem Handwerkszeug gehören.

Viele durch eine Schrott-Immobilie Geschädigte suchen sich aus dem Telefonbuch einen Rechtsanwalt, der seine Praxis möglichst in der Nähe ihrer Wohnung hat. In der Regel haben diese Menschen in ihrem ganzen Leben noch niemals etwas mit der Justiz und mit Anwälten zu tun gehabt. Sie denken, Anwalt ist Anwalt, und wissen gar nicht, dass jeder Rechtsanwalt meist eine ganz individuelle Sichtweise der Probleme hat und in der Regel die Instrumente einsetzt, die er beherrscht und die in anderen Fällen erfolgreich gewesen sind.

Wenn jetzt ein Betroffener zum Anwalt geht und erklärt, er sei beim Kauf einer Schrott-Immobilie betrogen worden und möchte den Vermittler, die Verkäufer oder die finanzierende Bank deswegen verklagen, dann kann es durchaus passieren, dass der Anwalt nach sorgfältiger Prüfung der Sachlage sagt: »Wir können es mit einer Klage versuchen, aber die Chancen, den Prozess zu gewinnen oder einen guten Vergleich zu erzielen, sind gering. Es ist Ihre Entscheidung, ob Sie klagen wollen oder nicht.« Das alles gehört zur anwaltlichen Beratungspflicht.

Viele Geschädigte wollen dann dennoch klagen, weil sie es denjenigen, von denen sie sich betrogen fühlen, heimzahlen wollen. Sie wollen, dass das, was sie unter Gerechtigkeit verstehen, wiederhergestellt wird. Vielleicht haben sie sogar eine Rechtsschutzversicherung, die die Kosten übernimmt.

Man kann eigentlich sicher sein, dass sich der Anwalt für seinen Mandanten sehr anstrengt und das Beste auf dem Klageweg versucht. Doch wie die Vielzahl der verlorenen Prozesse immer wieder zeigt, ist die Erfolgschance gering. Der Teufel steckt nämlich im Detail und oft ist es schwierig oder gar nicht möglich, die für den Prozessausgang entscheidenden Beweise zu erbringen.

Kein Finanzinstitut wird es leichtfertig zulassen, einen Prozess zu verlieren, sondern wird sich mit allen Kräften gegen eine Verurteilung wehren. Gegen eine ganze Armada von hoch spezialisierten Fachanwälten hat es jeder auch noch so engagierte Anwalt schwer, zu gewinnen. Aber es ist natürlich nicht unmöglich und hängt immer wieder sehr stark vom Einzelfall ab.

Die dritte Möglichkeit neben den allgemeinen Schuldnerberatungsstellen und den nicht spezialisierten Anwälten ist die, eine der Schutzgemeinschaften für Immobiliengeschädigte zu Rate zu ziehen. Diese sind in der Regel in der Lage, die Situation der Betroffenen problemlösungsorientiert zu beurteilen. Ist die Situation tatsächlich schon vollkommen verfahren, weil der Geschädigte zu spät Rat und Hilfe sucht? Oder können entsprechend spezialisierte Rechtsanwälte ohne Insolvenzverfahren und auch ohne Prozesse, also außergerichtlich, noch etwas für die Geschädigten bewegen?

Tatsächlich ist das Aushandeln eines außergerichtlichen Vergleichs mit einem Finanzinstitut eine sehr spezielle Materie, die die meisten Anwälte weder an der Universität, im Rechtsreferendariat noch in ihrer täglichen Arbeit gelernt haben.

Im Grunde genommen hat die finanzielle Sanierung von Privatpersonen sehr viel Ähnlichkeit mit einer Firmensanierung. Ein solches Sanierungsmandat wird in der Regel nur großen und spezialisierten Anwaltskanzleien übertragen. Aber ob es nun um Millionen- oder gar Milliardenbeträge einer Firma geht, die in finanzielle Schieflage geraten ist, oder ob es sich »nur« um einige zehn- oder hunderttausend Euro bei einem Privatmann handelt, die Vorgehensweisen sind sehr ähnlich.

Allerdings wird es sich normalerweise eine ohnehin hoch verschuldete Privatperson nicht leisten können, eine große Rechtsanwaltskanzlei mit der Vertretung ihrer Interessen zu beauftragen, weil die Kosten – unabhängig davon, ob es sich um Stundensätze oder um Pauschalen handelt – für sie zu hoch sind.

Insofern ist die Zahl der Kanzleien in Deutschland, die die Personensanierung sachgerecht beherrschen und in ihren Kostenstellungen auf die finanziellen Verhältnisse ihrer Mandanten Rücksicht nehmen, gering. Die Schutzgemeinschaften für Immobiliengeschädigte kennen diese Fachleute und werden in der Regel auf sie verweisen. Doch ohne Anwalt ist eine außergerichtliche Regelung kaum möglich, auch wenn bei den Banken inzwischen ein Umdenken eingesetzt hat.

Der letzte Ausweg – Gesetz zur Verkürzung des Restschuldbefreiungsverfahrens

Vielen der unbedarften und unerfahrenen Kreditnehmer, denen clevere und rücksichtslose Drückervertriebe Darlehen zum Ankauf von Schrott-Immobilien besorgt haben, verweigern die Banken trotz aller offenkundigen Ungereimtheiten, ja verbrecherischen Machenschaften angemessene und faire wirtschaftliche Abwicklungsregelungen. Denn nicht wenige Banken, die sich dabei meist auf BGH-Urteile berufen, bauen darauf, dass es ihnen gelingt, ihre Kunden durch harte Zwangsvollstreckungen einzuschüchtern. Diesen bedauernswerten Darlehensnehmern kann nunmehr ein wenig besser geholfen werden.

Die für Schuldner wichtigsten Neuregelungen des Gesetzes, die ab dem 1. Juli 2014 gelten, sind die grundsätzliche Verkürzung der Wohlverhaltensperiode bei Privatinsolvenz von sechs Jahre auf fünf Jahre und unter bestimmten Voraussetzungen eine noch weiter reichende Verbesserung. Wenn nämlich drei Jahre der Abtretungsfrist des Gehalts verstrichen sind und dem Insolvenzverwalter innerhalb dieser Zeit ein Betrag gezahlt wird, der eine Bereinigung der angemeldeten Forderungen in Höhe von mindestens 35 Prozent darstellt, sind dadurch die gesamten Forderungen erledigt.

Diese beiden Kernpunkte der Reform stellen für Schuldner, insbesondere Schrott-Immobilienopfer, eine echte Verbesserung gegenüber der jetzigen gesetzlichen Situation dar. Denn nun lässt sich unter Berufung auf die Neuordnung des Privatinsolvenzverfahrens gegenüber der Uneinsichtigkeit, ja manchmal auch Borniertheit von Banken bei der Behandlung von üblen Finanzierungen für Schrott-Immobilien gegenüber fairen Vergleichsvorschlägen ein wirtschaftlich überzeugendes Argument entgegenhalten.

Was geht, wenn nichts mehr geht

Das Ehepaar Herr und Frau M. hat vor einigen Jahren mit einem Darlehen von der damals noch existierenden GMAC-Bank, die bundesweit bei einschlägigen Vertriebsgruppen für ihre großzügige Bereitschaft zur Überfinanzierung bestens bekannt war, eine Schrott-Immobilie in Chemnitz für 120 000 Euro gekauft. Diese Wohnung ist aufgrund der bekannten problematischen Verhältnisse in Chemnitz derzeitig gerade einmal für etwa 20 000 bis 25 000 Euro verkäuflich.

Herr M. verdient als Berufskraftfahrer 1400 Euro netto, Frau M. als Verkäuferin 900 Euro, und es ist ein Kind im Alter von 13 Jahren zu versorgen. Das Ehepaar wohnt selbst bescheiden zur Miete und hat das Pech, an einen wohl besonders ehrgeizigen Mitarbeiter in der Abwicklungsabteilung der Paratus AMC GmbH, an die die Forderung der GMAC-Bank übergegangen ist, zu kommen. Dieser beharrt auf der rigorosen Durchsetzung der Ansprüche und akzeptiert weder eine Verwertung der Immobilie noch einen Vergleich. Er bevorzugt die sogenannte Rasenmähermethode, das heißt, Gehaltspfändung und Zwangsvollstreckung mit Abgabe der eidesstattlichen Offenbarungsversicherung.

Nach der Pfändungstabelle des Gesetzgebers (siehe S. 217) ist Frau M. unpfändbar, und Herr M. muss mit rund 250 Euro monatlich pfändbarem Gehaltsanteil rechnen, wenn er sich nicht dagegen wehrt. Bis zur vollständigen Bezahlung des Darlehens von 100 000 Euro plus Zinsen würde auf meine Mandanten eine Zahlungspflicht von noch ca. 33 Jahren zukommen (ohne Zinsen).

Viele Schuldner resignieren angesichts solch ausweg-loser Perspektiven. Das aber lässt sich mit dem neuen Restschuldbefreiungsgesetz nachhaltig besser wie folgt regeln:

Bei einer Verbraucherinsolvenz mit einer monatlichen Pfändung von 250 Euro über die Dauer von fünf Jahren, also insgesamt 15 000 Euro, ist das Ehepaar M. wieder schuldenfrei. Und zwar unabhängig davon, welchen Erlös die Wohnung bringt. Geht man von dem geschätzten Verwertungswert von 20 000 Euro aus, ersparen sich also die Schuldner nach Ablauf dieser fünf Jahre ca. 85 000 Euro plus Zinsen.

Schafft das Ehepaar M. es sogar, innerhalb von 36 Monaten 35 Prozent aus diesen nach der Verwertung der Wohnung verbleibenden 100 000 Euro, also 35 000 Euro aufzubringen, bedeutet dies entweder eine monatliche Zahlung von 970 Euro, was aber schwierig ist, oder eine beliebige Rate zusätzlich zur Restzahlung auf die 35 Prozent zum Abschluss der drei Jahre, sodass die uneinsichtige Bank schon nach diesen drei Jahren dem Vergleich zustimmen muss.

Diese Uneinsichtigkeit der Paratus AMC gegenüber einem vorher unterbreiteten außergerichtlichen Vergleichsvorschlag wird daher richtigerweise wirtschaftlich dadurch »bestraft«, dass die Bank statt 100 000 Euro eben gerade einmal 35 000 Euro, also 65 000 Euro weniger erhält.

Ich empfehle daher in einem solchen Fall der Uneinsichtigkeit der Bank folgende Vorgehensweise: Weigert sich die Bank, einem vorher unterbreiteten Vergleichsvorschlag zuzustimmen, hilft das neue Insolvenzrecht mit folgender Regelung:

Die neue Restschuldbefreiungsphase wird von sechs Jahren auf fünf Jahre verkürzt, unabhängig davon, welchen Betrag man überhaupt bezahlen kann.

Ist der Schuldner in der Lage, die bestehenden Schulden innerhalb von drei Jahren mit 35 Prozent der angemeldeten Forderungen zu bedienen, erhält er bereits nach drei Jahren die Restschuldbefreiung.

Ein paar wichtige Aspekte müssen aber noch erwähnt werden. Diese Vorgehensweise ist nicht möglich, wenn zum Beispiel folgende Konstellationen vorliegen:

Der Darlehensnehmer besitzt ein Haus oder eine Eigentumswohnung. Dann fallen diese Immobilie und die finanzierende Bank mit in die Abwicklung, und er verliert wahrscheinlich sein Haus oder die Wohnung.

Es gibt mehr als 20 Gläubiger.

Der Betroffene hat noch nennenswerte weitere Vermögenswerte, wie zum Beispiel eine Lebensversicherung mit interessantem Rückkaufswert, einen Bausparvertrag mit beachtlicher Ansparung oder Bankdepots in passabler Größenordnung, denn diese fallen in die Insolvenzmasse.

Fazit

Rechtzeitig zum Inkrafttreten des neuen Restschuldbefreiungsgesetzes zum 1. Juli 2014 macht es daher sehr viel Sinn, bei fehlgeschlagenen Schrott-Immobilienengagements der jeweiligen Bank einen außergerichtlichen Vergleichsvorschlag in einer Größenordnung vorzulegen, der wirtschaftlich ein klein wenig besser ist als die Durchführung des tatsächlichen Insolvenzverfahrens. Denn Bankmitarbeiter sind gehalten, Lösungen zuzustimmen, die ein besseres finanzielles Ergebnis bringen als die Insolvenzlösung.

Lehnt eine Bank dennoch ab, vermag ein Hinweis auf die Verpflichtung zur Schadensminderung – denn ein Mitarbeiter muss auf ein gutes Ergebnis für seinen Arbeitgeber achten und darf nicht einfach schlechtere Ergebnisse akzeptieren – die Überzeugung zur Zustimmung zum Vergleich möglicherweise verbessern.

Das Kartell aus Maklern, Bankern und Notaren

Um es gleich am Anfang dieses Kapitels noch einmal klarzustellen: Das Geschäft, oder sagen wir besser, der Betrug mit Schrott-Immobilien hat nicht das Geringste mit dem zu tun, was auf dem echten Immobilienmarkt passiert. Alles, was dort geschieht, ist für den Markt der Schrott-Immobilien ohne Bedeutung.

Schrott-Immobilien sind nicht knapp, im Gegenteil. Das Angebot übersteigt bei Weitem die Nachfrage. Bei Schrott-Immobilien sind keine Preissteigerungen, erst recht nicht in großen Sprüngen, zu erwarten. Man kann sogar damit rechnen, dass für den Eigentümer irgendwann erhebliche Kosten entstehen werden, wenn die Heizungsanlagen, Fenster, Wände, Decken und Dächer saniert werden müssen.

Der Immobilienmarkt spielte 2013 zwar leicht verrückt, niedrige Zinsen und die Angst vor Inflation ließen die Preise nach oben schnellen, doch nur in den großen Städten wie München, Hamburg, Berlin und den beliebten Urlaubsorten, wie zum Beispiel auf Sylt. Woanders dümpelten die Preise vor sich hin oder fielen sogar ins Bodenlose, weil dort niemand mehr Häuser erwerben wollte, wie beispielsweise in einigen Teilen der neuen Bundesländer oder auch in Nordhessen.

Aber die Preise für Schrott-Immobilien werden ohnehin nicht am Markt gebildet oder verglichen. Das ist eine der Besonderheiten beim Verkauf dieser Immobilien. Auf dem freien Markt wären sie nicht und auf keinen Fall zu diesen absolut überhöhten Preisen zu verkaufen. Das Geschäft funktioniert eben nur in einem System, in dem Verkäufer, Kreditgeber und Notare eng zusammenarbeiten, die sich zwar an die Gesetze halten, sich aber nicht um die Bedürfnisse ihrer Klienten scheren.

Damit das ganze System funktioniert, braucht man erst einmal einen Immobilienhändler, der billige Mietwohnungen beschafft, die man dann teuer weiterverkaufen kann. Solche Wohnungen finden sich häufig bei zerstrittenen Erbengemeinschaften, die froh sind, die Wohnung endlich loszuwerden, um dann den Verkaufserlös unter sich aufteilen zu können. Oder die Immobilienhändler gehen auf Shopping-Tour bei privaten, aber auch bei kommunalen Wohnungsgesellschaften, die kein Geld mehr in renovierungsbedürftige Wohnblocks stecken wollen.

Im nächsten Schritt müssen die Immobilienhändler per Teilungserklärung diese Häuserblocks in einzelne Einheiten aufteilen, da ein Käufer von Schrott-Immobilien in der Regel nur am Erwerb einer Ein- oder Zweizimmerwohnung interessiert ist und nicht am Kauf eines ganzen Mietshauses. Genauer gesagt, er will eigentlich auch keine Wohnung kaufen, sondern nur Steuern sparen oder für das Alter vorsorgen.

Hat ein Immobilienhändler ein Mehrfamilienhaus entsprechend aufgeteilt, tritt die Vertriebsorganisation auf den Plan. Ihre Aufgabe ist es, möglichst leichtgläubige, einfache Menschen zu finden, denen sie eine Schrott-Immobilie andrehen kann. Dieses schmutzige Geschäft machen die Vertriebler aber nur, wenn ihnen Provisionen in einer Höhe winken, die sie mit anderen Geschäften nicht erzielen könnten.

In der Regel liegen diese Provisionen zwischen 35 und 45 Prozent des Immobilienkaufpreises und müssen vom arglosen Käufer mitbezahlt werden, ohne dass dieser etwas von dem Aufschlag ahnt. Das Risiko, erwischt und bestraft zu werden, ist für die Verkäufer von Schrott-Immobilien in Deutschland zwar leider nicht besonders groß, aber mit einem Bein stehen sie doch im Gefängnis.

Da die Käufer von Schrott-Immobilien, von wenigen Ausnahmen abgesehen, über keine liquiden Mittel verfügen und sie deshalb nie von sich aus eine vermietete Eigentumswohnung erwerben würden, kommen jetzt Mitarbeiter von Banken und Sparkassen ins Spiel. Sie gewähren für den Kauf der sittenwidrig überteuerten Immobilien die Darlehen, sogar wider besseren Wissens. Das ist gar nicht so selten. Finanzinstitute verdienen im Privatkundengeschäft ihr Geld nicht dadurch, dass sie Sparguthaben verwalten, sondern durch den Verkauf von Finanzprodukten und durch die Vergabe von Darlehen.

Für eine Bank als Gesamtorganisation spielt das Thema Sicherheit bei der Vergabe von Krediten schon eine Rolle. Für den Verkäufer von Bankprodukten steht aber eher die Frage im Vordergrund, ob er die ihm vorgegebenen Umsatz- und Vertriebsziele erreicht. Was aus dem Darlehen in einigen Jahren wird, ist ihm zum Zeitpunkt des Verkaufs wahrscheinlich ziemlich egal, besonders weil er mit der weiteren Abwicklung, nachdem der Kreditvertrag unterschrieben worden ist, nichts mehr zu tun hat.

Außerdem fordern die Banken oder Sparkassen vom Kreditnehmer bei Schrott-Immobilienverkäufen zusätzliche Sicherheiten in Form von Kapitallebensversicherungen oder von Geldanlagen. Auch für die Vermittlung solcher Produkte gibt es eine Provision oder einen Bonus. Die Chance, schnell und unkompliziert etwas zusätzlich verkaufen zu können, wird sich kein Mitarbeiter eines Kreditinstitutes entgehen lassen wollen.

Einen direkten Kontakt zwischen Bank oder Sparkasse und Darlehenskunden gibt es beim Kauf einer Schrott-Immobilie so gut wie nie. Alles wird über den Immobilienverkäufer oder -vermittler abgewickelt, der eventuell als freier Handelsvertreter für das Geldinstitut arbeitet.

Damit das ganze Geschäft mit der Schrott-Immobilie aber überhaupt zustande kommt, braucht man jetzt noch einen Notar, der den Kaufvertrag beurkundet und die Formalien erledigt. Der Gesetzgeber sieht die Rolle eines Notars darin, die Willenserklärungen von Käufer und Verkäufer in einem Kaufvertrag zu beurkunden. Ein Notar ist nicht der Vormund eines vielleicht ziemlich naiven, aber voll geschäftsfähigen Käufers.

Natürlich haben auch Notare wirtschaftliche Interessen. Ihr Honorar richtet sich nach der Höhe des Kaufpreises im Vertrag, und selbstverständlich ist es für sie wichtig, Kunden zu haben, die sie mehr als einmal zur Beurkundung aufsuchen.

»Mitternachtsnotare« stehen immer bereit

»Mitternachtsnotare« nennt die Presse Notare, die den Kauf von Schrott-Immobilien beurkunden. Inwieweit Notare ihre Amtspflichten verletzt haben und in die betrügerischen Vertriebsstrukturen von Immobilienvermittlern eingegliedert waren, lässt sich aber immer nur im Einzelfall ermitteln. Auf jeden Fall wurde im November 2013 zum ersten Mal ein »Mitternachtsnotar« wegen Untreue und Beihilfe zum Betrug in zehn Fällen verurteilt: Ein Berliner Notar erhielt vom Berliner Landgericht eine Gefängnisstrafe von dreieinhalb Jahren.

Allein die Tatsache, dass ein Notar sogenannte Spätbeurkundungen vornimmt, ist nicht verwerflich. Es ist dem Notar selbst überlassen, zu welchen Zeiten er seine Dienstleistungen anbietet und erbringt. Nur wenn er regelmäßige Spätbeurkundungen auf Verlangen eines Immobilienverkäufers vornimmt, der vielleicht auch einen zweifelhaften Ruf hat, lässt dies den Verdacht auf Parteilichkeit aufkommen. Darin kann ein Verstoß gegen die allgemeinen Berufspflichten der Unabhängigkeit und Neutralität vorliegen.

Im Zusammenhang mit der seit Ende 2011 laufenden sogenannten Berliner Schrott-Immobilienaffäre hat das Landgericht Berlin bis zum Februar 2013 insgesamt 88 Beschwerden erhalten, die 19 Notare betrafen. In gut zwei Drittel aller Fälle habe man aber keine Versäumnisse von Notaren gesehen, hatte der Landgerichtspräsident Bernd Pickel damals gesagt.

Der Berliner Justizsenator Michael Braun war wegen der Vorwürfe, in den unseriösen Verkauf überteuerter

Wohnungen verwickelt zu sein, im Dezember 2011 von seinem Amt zurückgetreten. Das Landgericht hatte später festgestellt, dass seine Kanzlei bei der Beurkundung eines Wohnungsverkaufes zwar gegen Prüfungs- und Beurkundungspflichten verstieß, er aber nicht betrügerisch mit Händlern von Schrott-Immobilien zusammengearbeitet hatte. Die Notare bei diesem Thema unter Generalverdacht zu stellen, wäre aber grundfalsch und ungerechtfertigt. Nur eine verschwindend kleine Anzahl von Notariaten war in Unregelmäßigkeiten verwickelt.

Warum es so schwer ist, den Vertrieben das Handwerk zu legen

Die Stiftung Warentest hat in ihrer »Warnliste Geldanlage. Unseriöse Firmen und Produkte« vom 4. Dezember 2013 unter der Rubrik »Schrott-Immobilien« gerade einmal drei Einträge. Das ist nur die absolute Spitze eines Eisbergs. Man findet dort den Berliner Notar, der vom Landgericht Berlin zu einer Haftstrafe von dreieinhalb Jahren verurteilt worden ist. Allerdings hat der Notar gegen das Urteil Revision eingelegt.

Weiter erscheint auf dieser Liste die Firma Grüezi-Real-Estate AG mit Sitz ebenfalls in Berlin. Sie ist wegen ihrer dubiosen Machenschaften bundesweit bekannt, aber über eine Reihe von Tochterfirmen immer noch gut im Geschäft. Auf der Internetseite anwalt.de heißt es unter Rechtstipps & Rechtsnews am 12. Juli 2013: »Immobilien der Grüezi-Gruppe wieder da.« Der Autor dieses Artikels ist Rechtsanwalt Dr. Thomas Schulte, Berlin. Als Dritter steht die DKB (Deutsche Kreditbank), Berlin, auf der Finanztest-Warnliste, unter anderem, weil »Partner der DKB-Anlegern Schrott-Immobilien verkauft haben, die von der DKB finanziert wurden«. Finanztest verweist in diesem Zusammenhang auf einen Artikel in www.test.de vom 19. März 2013 mit der Überschrift »Schrott-Immobilien: Der lange Kampf mit der Bank DKB«. Allerdings versprach die Bank den Betroffenen Hilfe in Härtefällen.

Diese drei Namen helfen denjenigen, die bereits in der Immo-Falle sitzen, jedoch kaum weiter. Und erst recht nicht denen, die zukünftig in die Immo-Falle gelockt werden sollen. Mir selbst sind spontan mehr als 20 Firmen geläufig, die Schrott-Immobilien verkauft haben oder noch verkaufen. Von der DKB heißt es, dass sie inzwischen über eine hausinterne Warnliste verfügt, auf der 380 dubiose Firmen und Vermittler stehen, die Anlegern überteuerte vermietete Eigentumswohnungen verkauft haben.

Leider ist es wohl so, dass diese bankinternen Warnungen gelegentlich ignoriert oder auch übersehen werden, weil die Vertriebsfirmen ihre Namen oft schneller wechseln als andere Menschen ihr Hemd oder weil die Bank erst viel später davon Kenntnis erhält, mit welch problematischen Firmen sie sich eingelassen hat. Selbst wenn die Bank ihre beachtliche Liste veröffentlichen würde, hätte das für zukünftige Opfer der Immobilienbetrüger wahrscheinlich kaum eine Auswirkung.

Schließlich rufen diese Ganoven ihre Opfer ja nicht an und sagen: »Ich möchte Ihnen eine Schrott-Immobilie zu einem überhöhten Preis verkaufen.« Sie melden sich am Telefon oder klingeln an der Haustür immer unter einem Vorwand, wie wir es ja aus den verschiedenen Beispielen kennen. Bei wem klingeln schon die Alarmglocken, wenn jemand eine Umfrage zum Thema Steuerpolitik machen möchte? Hier geht es nun einmal nicht um ehrliche Geschäfte, bei denen der Verkäufer sagt, was er verkaufen will, sondern um das Aufstellen von betrügerischen Fallen.

Nehmen wir doch zum Beispiel die Grüezi-Real-Estate AG. Trotz ihres netten schweizerischen Namens ist es eine Berliner Gesellschaft, die lediglich eine Muttergesellschaft in der Schweiz hat. 1999 wurde die Firma als Grüezi GmbH & Co. Liegenschaften KG gegründet und dann 2006 in die heutige Rechtsform umgewandelt. Die Grüezi-Gruppe arbeitete mit verschiedenen Tochtergesellschaften, wie zum Beispiel die VITO City Properties oder die VIREO Berlin GmbH.

Der Vertrieb erfolgte aber nicht nur über hauseigene Organisationen, sondern auch über die frühere KK Royal Basement GmbH, deren Geschäftsführer inzwischen zu mehrjährigen Haftstrafen verurteilt worden sind. Gegen die Firmen der Grüezi-Gruppe waren in der Vergangenheit mehr als 100 Verfahren vor dem Landgericht Berlin anhängig. Dabei ging es in der Mehrzahl um die Rückabwicklung von Kaufverträgen und Ersatz des verursachten Vermögensschadens. Etliche der Kläger haben zwar Recht bekommen, oft aber kein Geld, weil die Grüezi-Gruppe sich mit allen Mitteln dagegen wehrt, zahlen zu müssen.

Ob eine Klage Aussicht auf Erfolg hat und eine Rückabwicklung eines Kaufvertrages wirklich die erste Option für einen Geschädigten sein sollte, muss jeweils im Einzelfall geprüft werden. Denn es kommt auch vor Gericht immer auf die Details an.

Man käme einer Lösung des Schrott-Immobilienproblems sicherlich dadurch näher, wenn die Banken sich bei der Kreditvergabe restriktiver verhalten und ihren Kunden gerade beim Immobilienkauf eine persönliche Beratung anbieten würden. Es reicht offensichtlich nicht, bei der Bearbeitung des Kreditvertrages nur eine einfache Wertermittlung auf Basis einer Plausibilisierung des Kaufpreises anhand öffentlich zugänglicher Quellen vorzunehmen. Und natürlich sollten auch bei jedem die Alarmglocken schrillen, wenn ihm ein Finanzberater den Kauf einer Immobilie, aus welchen Gründen auch immer, vorschlägt.

Nachwort

Haben bis etwa zum Jahr 2002 rund 300 000 Käufer vor allem im Osten Deutschlands Schrott-Immobilien erworben, so hat sich diese Zahl in der Zwischenzeit bis zum heutigen Tage auf mindestens eine Million Betroffene erweitert und ist dadurch zu einem bemerkenswerten volkswirtschaftlichen Faktor im negativen Sinne geworden.

Nach Ablauf der steuerlichen Zehn-Jahres-Frist für die Immobilien aus den neuen Bundesländern ist ein Großteil dieser Wohnungen unter anderem auch deshalb notleidend geworden, weil die Werthaltigkeit der Immobilien sich drastisch zum Teil um 80 bis 90 Prozent reduziert hat. Außerdem sind die quasi arbeitslos gewordenen Drücker- und Vertriebsgruppen auf der Suche nach neuen Absatzquellen und neuen Opfern auf die Geschäftsidee verfallen, neben den Ostimmobilien nunmehr auch insbesondere in den ehemaligen Standorten unserer NATO-Bündnispartner frei werdende sogenannte NATO-Wohnungen nach demselben System zu verkaufen.

Zum Glück für die Drückervertriebe und zum Unglück für die weiterhin überwiegend ahnungslosen und unerfahrenen Anleger fanden sich wie durch Zufall insbesondere zwei Banken, die offensichtlich zumeist bedenkenlos finanzierten, nämlich die frühere GMAC-Bank sowie die Deutsche Kreditbank (DKB).

Gewissenlose Vertriebsgruppen haben bekanntlich ein gutes Gespür dafür, wo am Markt neue Quellen für Finanzierungen angezapft werden können. Und es hatte sich in Windeseile insbesondere ab dem Jahr 2002 herumgesprochen, dass diese beiden Institute unproblematisch auch an Kunden mit schlechter Bonität eine mindestens 100-prozentige Finanzierung herausgaben. Zumeist konnte man dann bei solchen Finanzierungen auch noch andere Kredite für Autos, weitere Verbraucherkredite, zusätzliche Neuverschuldungen etc. hineinpacken und dadurch plötzlich den Kaufinteressenten Summen anbieten, bei denen es auch sehr oft zu sogenannten Cash-back-Zahlungen von bis zu 50 000 Euro kam.

Mit unverfänglichen Zeitungsinseraten sind in Deutschland seit der Wende viele Bürger geködert und anschließend wahrscheinlich mehr als eine Million Verträge für Schrott-Immobilien abgeschlossen worden. Da pro Darlehensvertrag zumeist noch eine mithaftende Ehefrau und die dazugehörige Familie mit durchschnittlich zwei Kindern betroffen sind, bedeutet dies, dass momentan wohl an die drei bis vier Millionen Bundesbürger von diesen skrupellosen Kreditgeschäften persönlich beeinträchtigt sind, also in etwa fünf Prozent der Gesamtbevölkerung der Bundesrepublik Deutschland.

Bei einem Mindestbetrag von 80 000 bis 90 000 Euro pro Vertrag stellt dies ein Geschäftsvolumen von sage und schreibe ca. 80 Milliarden Euro dar. Nehmen wir dabei nur an, dass pro Immobiliendarlehen eine 50-prozentige Unterdeckung beziehungsweise Überteuerung gemessen am erzielbaren Verkehrswert entsteht, ist dies immerhin ein zulasten der einzelnen Darlehensnehmer entstandener volkswirtschaftlicher Schaden von 40 Milliarden Euro. Diese Schadenssumme, die eigentlich von der Größenordnung her durchaus auch die sich so gern als »Anwälte der kleinen Leute« gerierenden Politiker oder Gewerkschafter ansprechen müsste, ist für diese bisher leider ohne jedes Interesse.

Dabei ist diese Entwicklung auch für jeden deutschen Finanzminister von nachhaltiger Bedeutung. Denn von diesen geschädigten Darlehensnehmern fallen pro Jahr mindestens 20 000 in Insolvenz und Hunderttausende von Steuerzahlern haben dadurch Verluste bei Vermietung und Verpachtung. Auch bei Niedrigsteuersätzen von 25 Prozent verursacht das Steuerausfälle möglicherweise in Milliardenhöhe.

Schrott-Immobilien sind daher nicht nur ein grundsätzliches Finanzproblem für die davon betroffenen einkommensschwachen Schichten, sondern sie sind auch ein bedeutendes volkswirtschaftliches Problem, um das sich jedoch offensichtlich niemand ernsthaft kümmert. Mir ist jedenfalls bisher keine Veröffentlichung bekannt, die sich nachhaltig mit den wirtschaftlichen und fiskalischen Auswirkungen dieses Themas befasst hat.

Bei dieser Gesamtrechnung ist noch nicht einmal ansatzweise berücksichtigt, dass eine Reihe von Schrott-Immobilienkäufern durch ihr Engagement in die Armut fallen und dadurch auch Sozialhilfe in Anspruch nehmen müssen und damit weitere staatlichen Hilfen benötigen.

In diesem Zusammenhang soll auch nicht unerwähnt bleiben, dass den Erwerbern von Schrott-Immobilien wegen der hohen Kreditrückzahlungen an die Banken private Geldmittel für den Konsum fehlen und somit ein wesentlicher Teil ihres Einkommens von den Banken abgeschöpft wird, die damit nachhaltig ihre Betriebsergebnisse verbessern.

Die großen Gewinner beim Handel mit Schrott-Immobilien werden daher auch noch in den nächsten 15 Jahren, wenn sich die Darlehensnehmer nicht massiv wehren oder resignieren, die Banken und Inkassofirmen sein. Das wiederum bedeutet, dass die Banken zu einem ausgeglichenen bis guten Geschäftsergebnis die Vergabe von Schrott-Immobiliendarlehen weiterhin dringend benötigen und somit, da weder durch Rechtsprechung noch durch Gesetz ein Einhalt solcher übler Praktiken nachhaltig erfolgen wird, diese Geschäftemacherei noch lange existieren wird.

Danksagung

Als vor ca. 17 Jahren der erste Mandant für eine Beratung in meine Kanzlei kam, der eine sogenannte Schrott-Immobilie erworben hatte, hielt ich dies für einen gelegentlichen Einzelfall. Inzwischen kommen täglich Erwerber von Schrott-Immobilien mit zum Teil üblen Vorgeschichten und dramatischen Schicksalen und mit der dringenden Bitte um Hilfe zu mir. Viele dieser Schicksale und Geschichten hätten keinen Eingang in dieses Buch gefunden, wenn es nicht die SFI – Schutzgemeinschaft für Immobiliengeschädigte e.V. mit ihrer engagierten Vorsitzenden Andrea Reiser gäbe, die zusammen mit ihrer Mitarbeiterin Sabine Baur sich aufopferungsvoll auch an Wochenenden um die Betroffenen kümmert und sich deren zum Teil bedauernswerten Erlebnisse anhört und versucht, mit dem richtigen praktischen Ratschlag weiterzuhelfen.

Es gilt daher ein besonderer Dank insbesondere diesem gemeinnützigen Verein, der mir mit zahlreichen Informationen weitergeholfen hat. Ein weiterer Dank gilt meinem Sohn Philipp Pickartz, der trotz seiner Vorbereitung auf das zweite juristische Staatsexamen sich die Zeit dafür genommen hat, die notwendigen juristischen Recherchearbeiten durchzuführen und die für die Anleger interessanten Urteile herauszufinden. Für die Bearbeitung der steuerlichen Aspekte stand Steuerberater Dipl.-Kfm. Herbert Hamedinger, 2. Vorsitzender der Schutzgemeinschaft für Immobiliengeschädigte, dankenswerterweise zur Verfügung.

Ich hoffe, dass mit dem vorliegenden Ratgeber Immobilienkäufern in Zukunft viele der hier geschilderten negativen Erlebnisse und der beschriebenen Enttäuschungen erspart bleiben.

Anhang

Die wichtigsten Experten-Tipps in Kürze

Was ist eine »Schrott-Immobilie«?

Eine Immobilie, deren Verkehrswert durch bedeutende Aufschläge an Vertriebe, Vermittler, Banken und Verkäufer um mehr als 100 Prozent überschritten wird, bezeichnet man umgangssprachlich als Schrott-Immobilie. Die bei Verkaufsgesprächen von den Verkäufern nur mündlich erteilten Zusagen wie Steuerersparnis, Wertsteigerung der Immobilie oder Altersvorsorge werden nicht erfüllt und führen zur Gefährdung der wirtschaftlichen Existenz des Käufers.

Die typischen Merkmale der Immo-Falle

1. *Anschleichen:* Der Kontakt mit dem Verkäufer kommt unter einem Vorwand zustande.
2. *Ausspionieren:* Der Verkäufer möchte alles über die finanzielle Situation seines Kunden wissen.

3. *Abzocken:* Das Opfer muss sich schnell entscheiden und unter Termindruck Verträge abschließen.
4. *Abhauen:* Der Verkäufer bricht jeglichen Kontakt zu seinem Kunden ab.

Die wichtigsten Fallen beim Kauf von Schrott-Immobilien und wie man sich dagegen wehren kann

- **Die Sympathiefalle**

Auch wenn Ihnen jemand, der Ihnen etwas verkaufen will, noch so sehr sympathisch ist: Am besten können Sie sich gegen die Sympathiefalle dadurch wehren, dass Sie zwischen dem Menschen und dem Produkt trennen.

- **Die Autoritätsfalle**

Demonstriert ein Verkäufer Ihnen gegenüber Autorität und will Sie zu einem Notartermin drängen, wehren Sie sich, indem Sie Ihre Entscheidung unbedingt aufschieben. Überstürzen Sie nichts und holen Sie eine zweite Meinung ein.

- **Die Geben-und-Nehmen-Falle**

Um der Geben-und-Nehmen-Falle zu entgehen, kommt es zunächst einmal darauf an, nicht alle Gefälligkeiten, die man uns anbietet, auch anzunehmen. Es ist oft besser, darauf zu verzichten. Wer Gefälligkeiten oder Geschenke annimmt, sollte immer sehen, in welchem Zusammenhang dies geschieht. Erkennt man eine Absicht dahinter, ist man nicht verpflichtet, im Gegenzug auch eine Leistung zu erbringen.

Am besten ist es, zwischen Leistung und Gegenleistung eine Frist einzulegen. Mit einer gewissen Zeitverzögerung lässt sich leichter erkennen, wie die Relation zwischen Leistung und Gegenleistung ist. Meist sehen wir dann, dass es sich hier nicht um Großzügigkeit des anderen handelt, sondern nur um berechnende Geschäftemacherei.

Wichtige Punkte rund um den Kaufvertrag

1. **Konkrete Quadratmetergröße der Wohnung**
Die Benennung der konkreten Quadratmetergröße der Wohnung wird gern mit Absicht unterlassen, um dem Käufer keine Chance zur Anfechtung des Kaufvertrages oder zur Verringerung des Kaufpreises zu geben. Wird nämlich die angegebene Wohnungsgröße unterschritten, kann eine Reduzierung des Preises verlangt werden. Fehlen mehr als zehn Prozent, wäre sogar ein Rücktritt vom Vertrag möglich.

2. **Tatsächliche Besichtigung**
Wenn der Käufer die Wohnung – aus welchen Gründen auch immer – tatsächlich nicht besichtigt hat, sollte er darauf bestehen, dass die Klausel »gekauft wie besichtigt« aus dem Vertrag gestrichen wird, denn mit dieser Bestätigung verhindert er alle späteren Einwendungsmöglichkeiten dazu.

3. **Mietverhältnis und Mietzahlung**
Wer eine vermietete Wohnung kauft, sollte sich vom Vorbesitzer die letzten zwölf Mietzahlungen des Mie-

ters zeigen lassen. Aus der Überprüfung der Mieteingänge lässt sich einerseits die tatsächliche Höhe der Miete erkennen, und andererseits der Zeitpunkt, an dem der Mieter jeweils bezahlt. Erfolgt die Mietzahlung nämlich einmal am 5. des Monats, dann am 17. des nächsten Monats und einen Monat später am 22., kann man davon ausgehen, dass es sich um einen unzuverlässigen Mieter handelt, der dann zahlt, wenn es ihm gerade passt oder wenn er gerade genügend Geld hat.

Außerdem sollte man sich auch ausdrücklich bestätigen lassen, dass es sich um ein ungekündigtes Mietverhältnis handelt und dass keine Rückstände bei Miet- und Nebenkostenzahlungen bestehen.

4. **Festlegung des Nutzungsüberganges**
Der Käufer einer Eigentumswohnung sollte versuchen durchzusetzen, dass erst mit Bezahlung des Kaufpreises der Übergang von Nutzen und Lasten eintritt. Erst ab diesem Zeitpunkt muss er als Eigentümer das Hausgeld bezahlen, und es entsteht keine Verpflichtung zur Beteiligung an eventuell in der Zwischenzeit noch beschlossenen Sonderumlagen.

Wählen Sie einen Notar Ihres Vertrauens

Als Käufer einer Eigentumswohnung müssen Sie den Notar für seine Dienste bezahlen. Deshalb haben Sie auch das Recht, einen Notar Ihres Vertrauens auszuwählen. Sie sollten auf diesem Recht bestehen. Fragen Sie am besten Verwandte oder Bekannte, die Erfahrungen mit einem Notar im Rahmen eines Immobilienkaufs gemacht haben. Sie können sich aber auch bei Ihrer örtlichen Notarkammer erkundigen.

Was ist ein Notaranderkonto?

Das Notaranderkonto ist ein Konto des Notars, auf das der Käufer einer Immobilie den Kaufpreis einzahlen kann. Der Notar wird dann das Geld entsprechend der Anweisungen im Kaufvertrag an den Verkäufer weiterleiten. In den meisten Fällen werden heute Immobilienverkäufe aber ohne die Einschaltung eines Notaranderkontos durchgeführt.

Was kann ich als Vermieter steuerlich absetzen?

- Die Darlehenszinsen für den Wohnungskauf.
- Die Ausgaben für die Suche nach einem Mieter.
- Die Grundsteuer und die Betriebskosten der Wohnung.
- Alle Ausgaben im Zusammenhang mit der Vermietung der Wohnung stehen.
- Renovierungs- und Reparaturkosten für die Wohnung.
- Fahrtkosten zur vermieteten Wohnung und damit im Zusammenhang stehende weitere Fahrten.
- Mitgliedsbeiträge für spezielle Haus- und Grundbesitzerverbände.
- Rechtsanwaltsgebühren, die im Zusammenhang mit der Rückabwicklung des Darlehens oder des Kaufvertrags stehen.

Wie funktioniert die Abschreibung von Immobilien?

Der Käufer einer vermieteten oder zu vermietenden Wohnung kann die Anschaffungs- beziehungsweise Herstellungskosten über eine bestimmte Anzahl von Jahren abschreiben. Es gilt die lineare Abschreibung für den Zeitraum von 50 Jahren, das heißt, jeweils zwei Prozent der Anschaffungskosten können sowohl für Alt- und Neubauten pro Jahr abgeschrieben werden. Häuser, die vor 1925 errichtet worden sind, werden dagegen mit 2,5 Prozent pro Jahr 40 Jahre lang abgeschrieben. Für unter Denkmalschutz stehende Gebäude gibt es Ausnahmeregelungen.

Was ist ein sittenwidriges Immobiliengeschäft?

Ein Immobiliengeschäft ist in der Regel sittenwidrig, wenn der Kaufpreis die Gegenleistung, also den Wert der Immobilie, um 100 Prozent übersteigt. Stellt das Gericht die Sittenwidrigkeit, zumeist im Rahmen des wucherähnlichen Rechtsgeschäftes, fest, ist der Immobilienkaufvertrag von Anfang an unwirksam und er kann rückgängig gemacht werden. Der Käufer muss dies allerdings ausreichend beweisen, was meistens nicht funktioniert.

Was tun, wenn man nicht mehr zahlungsfähig ist?

1. Nehmen Sie auf keinen Fall einen der überall leicht zu erlangenden Verbraucherkredite auf, um die ausstehenden Raten für die Schrott-Immobilie zu bezahlen.

2. Nehmen Sie auch keine privaten Darlehen von Ihren Eltern, Ehepartnern oder gar Kindern an.

3. Suchen Sie sofort einen versierten Rechtsanwalt auf, der sich in dieser Materie auskennt, damit dieser bei der Bank vorstellig wird.
   Wenden Sie sich zuerst an einige der wenigen fachkundigen Schutzgemeinschaften wie zum Beispiel die Schutzgemeinschaft für Immobiliengeschädigte SFI e.V. oder an die örtliche Verbraucherzentrale, die Sie dann auch wirklich zu einem geeigneten Rechtsanwalt verweisen können. Denn 99 Prozent der rund 140 000 zugelassenen deutschen Rechtsanwälte haben wenig bis keine Ahnung von professioneller Bankenkreditabwicklung.

4. Prüfen Sie sofort, ob Sie eine Rechtsschutzversicherung haben, und lassen Sie nur über den jetzt eingeschalteten Rechtsanwalt bei der Rechtsschutzversicherung wegen einer Kostenübernahme anfragen.

5. Haben Sie keine Rechtsschutzversicherung oder übernimmt diese nicht die Kosten, vereinbaren Sie mit dem Rechtsanwalt eine Pauschale für die gesamte außer-

gerichtliche Tätigkeit, die für Sie wirtschaftlich noch vertretbar ist und etwas unter dem Rechtsanwaltsvergütungsgesetz liegt. Sichern Sie sich dabei durch eine schriftliche Vereinbarung mit dem Rechtsanwalt ab.

6. Vermeiden Sie gerichtliche Klagen gegen Banken. Rechtsanwälte, die Ihnen sofort eine Klage gegen die Bank empfehlen, sind mit Vorsicht zu genießen, denn Gerichtsverfahren sind teuer, aber dafür aussichtsloser. Gerade einmal zwei bis drei Prozent der Prozesse gegen Banken in Schrott-Immobilienangelegenheiten werden letztinstanzlich gewonnen.

7. Verhandeln Sie auf keinen Fall persönlich mit der Bank, es sei denn, Sie haben den Kredit bei Ihrer eigenen Hausbank selbst aufgenommen.

8. Bei Zahlungsrückständen gegenüber der Bank sollten Sie unbedingt auch persönliche Vorsorgemaßnahmen treffen, damit Sie zahlungsfähig bleiben:

   - Auf dem Hausbankkonto nur ganz geringe Guthaben belassen.
   - Eventuell ein P-Konto einrichten (sogenanntes Pfändungsschutzkonto).
   - Gemeinsame Konten mit dem Ehepartner trennen, damit bei Pfändungen jeder seine eigene Pfändungsfreigrenze voll ausschöpfen kann.
   - Zusätzliches Konto bei einer anderen Bank für private Zwecke eröffnen.
   - Finanzielle Reserven für einen eventuellen Schlussvergleich bilden und Vermögenswerte wie Lebens-

versicherung, Bausparvertrag, Depot und Ähnliches rechtzeitig auflösen und sichern.

Was ist ein P-Konto?

Ein Pfändungsschutzkonto, kurz P-Konto genannt, ist ein Girokonto, das für den Fall einer Kontopfändung einen automatischen Schutz bietet. Der Basisschutz für Guthaben beträgt 1045,04 Euro pro Kalendermonat.

Weitere Beträge werden gegen Vorlage einer entsprechenden Bescheinigung geschützt, wie Kindergeld, Unterhaltsverpflichtungen für Ehegatten und Kinder sowie Sozialleistungen, die in einer Bedarfsgemeinschaft entgegengenommen werden. Zu einer sogenannten Bedarfsgemeinschaft kann neben dem eigenen Kind auch eine Lebensgefährtin oder ein Stiefkind gehören.

Neben der Basispauschale von 1045,04 Euro erhält der unterhaltspflichtige Kontoinhaber einen weiteren Freibetrag, und zwar in Höhe von 393,30 Euro für die erste Person, der er aufgrund gesetzlicher Regelungen Unterhalt zahlt, hinzukommen Freibeträge von jeweils 219,12 Euro für jede weitere Person.

Jeder Kontoinhaber hat den Anspruch, dass seine Bank auf Antrag sein Girokonto als P-Konto führt. Da jede Person nur ein P-Konto haben darf, muss der Kontoinhaber versichern, dass er kein weiteres P-Konto führt. Für die Umwandlung darf die Bank keine Gebühren in Rechnung stellen und die Kontoführung darf nicht teurer sein als zuvor. Ein P-Konto kann nur als Einzelkonto geführt werden. Es empfiehlt sich deshalb für Inhaber eines Gemeinschaftskontos, falls mit Pfändungen zu rechnen ist, Einzelgirokonten zu eröffnen, die dann in P-Konten umgewandelt werden können.

Der Kontoschutz wirkt auch für Kontopfändungen, die bis zu vier Wochen vor der Umwandlung bei der Bank zugestellt wurden. Deshalb ist es grundsätzlich nicht notwendig, schon bei drohender Pfändung das Girokonto in ein P-Konto umzuwandeln. Nur ein Gemeinschaftskonto muss man vorher in Einzelkonten aufteilen, da kein gesetzlicher Anspruch auf die Neueinrichtung eines P-Kontos besteht, sondern lediglich auf Umwandlung eines bestehenden Girokontos.

Zehn wichtige Regeln vor dem Kauf einer Immobilie

1. **Keine große Entfernung vom Wohnort akzeptieren**
Wählen Sie kein Objekt in einer Entfernung von mehr als 100 km vom Wohnort. Mit einer Immobilie wird es immer wieder unangenehme Überraschungen geben. Deshalb ist eine relativ schnelle Erreichbarkeit zur Verhinderung von Schäden, bei Leerstand und zur Beseitigung von Problemen sinnvoll. Das erspart zusätzlichen Aufwand und Ärger. Zudem erhält man mehr interne Informationen aus dem Umfeld der Wohnung, wenn man häufiger dort vorbeischauen kann.

2. **Objekt- und Preisvergleich vornehmen**
Holen Sie Vergleichsangebote von anderen Verkäufern oder über andere Makler ein oder fragen Sie Miteigentümer, um einen realistischen Preis ausfindig zu machen. Auch über die Hausbank kann man brauchbare

Erkenntnisse gewinnen. Sie verfügt meist über entsprechende Verbindungen zu ortsansässigen Banken und hat gute Informationsmöglichkeiten.

3. **Die Immobilie vor dem Kauf unbedingt besichtigen**
Über 90 Prozent der Käufer von Schrott-Immobilien haben diese vor dem Erwerb nicht besichtigt. Sogar die finanzierenden Banken haben in mehr als 90 Prozent der Fälle keine Bewertung der Immobilie vorgenommen. Wenn Sie zusammen mit einem fachkundigen Begleiter das Objekt besichtigen, kennen Sie die Lage, die Umgebung, das Umfeld, den Zustand etc., und Sie können vor allem eine viel bessere Bewertung vornehmen.

4. **Besondere Vorsicht bei 100-Prozent-Finanzierungen**
Hier können Sie davon ausgehen, dass mindestens 30 bis 40 Prozent des Kaufpreises Sonderverdienst von Verkäufern, Vertrieben oder Vermittlern sind, dass also der Kaufpreis viel zu hoch ist. Es werden nämlich hohe Provisionen einfach auf den echten Wert der Wohnung aufgeschlagen.

5. **Realistische Tilgungssätze vereinbaren**
Um eine Schrott-Immobilie leichter verkaufen zu können, wird häufig eine möglichst günstige Darlehensrate angeboten. Ein beliebtes Vorgehen dabei ist es, zunächst einmal zehn Jahre Tilgungsaussetzung vorzunehmen, weil dann am Anfang eine eher niedrige monatliche Zahlung auf den Käufer zukommt und dies seine Entscheidung zum Kauf positiv beeinflusst. Dass der Käufer aber zehn Jahre nur Zinsen bezahlt und er

nach zehn Jahren immer noch dieselben Schulden hat wie zum Zeitpunkt des Erwerbs, wird dabei gern verschwiegen oder übersehen.

Auch die Gestaltung mit lediglich einem Prozent Tilgung ist eher Augenwischerei, denn bei einer solchen Konstellation sind nach zehn Jahren die Schulden fast genauso hoch wie bei Kreditbeginn. Das bringt den Käufer nicht wirklich weiter. Vor allem wenn nach Auslaufen der Zinsbindung nach zehn Jahren sich der Käufer erstmals ernsthaft mit dem Gedanken an einen Verkauf befasst und feststellen muss, dass der Wert um 30 bis 50 Prozent gesunken ist, hat er aufgrund der geringen Tilgung plötzlich eine hohe Unterdeckung. Denn spätestens dann kommt heraus, dass die Immobilie viel weniger als der Kaufpreis wert ist.

6. **Abschluss einer Verdienstausfallversicherung**

Heute gibt es Versicherungen, die bei Immobilienkrediten den Verdienstausfall wegen Arbeitslosigkeit, Krankheit etc. für einen bestimmten Zeitraum absichern. Wer Arbeitnehmer ist und unbedingt eine Schrott-Immobilie kaufen will in der Hoffnung, damit ein gutes Geschäft zu machen, sollte eine solche Versicherung, die nicht einmal teuer ist, unbedingt abschließen.

7. **Verhandeln mit vielen Kreditanbietern**

Momentan sind Banken bereit, um Immobilienfinanzierungen zu verkaufen, günstige bis sehr günstige und höchst unterschiedliche Zinssätze zu gewähren. Lassen Sie sich durchaus von mehreren Banken vor Ort konkrete Finanzierungsangebote geben. Auch die Konditionen von Online-Banken sind oft günstiger als die der Hausbanken vor Ort. Der Nachteil bei Online-Banken ist allerdings, dass der Kunde keinen persönlichen Ansprechpartner hat und nur eine Darlehensnummer ist, wenn es einmal Probleme gibt.

8. **Kalkulation von möglichen Steuervorteilen**
Sprechen Sie unbedingt vor dem Kauf mit Ihrem Steuerberater über die steuerlichen Aspekte eines geplanten Immobilienkaufs. Es ist meist nur eine minimale zweiprozentige Abschreibung pro Jahr auf den Kaufpreis möglich oder die Geltendmachung von Verlusten aus Vermietung und Verpachtung als Werbungskosten. Eine Ausnahme kann allenfalls die Abschreibung von Denkmalschutzobjekten bilden, die durch eine offizielle Bestätigung der jeweiligen Stadt dokumentiert sind.

Wenn die Zinsen für die Finanzierung der Immobilie viel höher sind als die Kaltmiete, die man einnimmt, kann dieser Verlust in Höhe des eigenen Steuersatzes geltend gemacht werden. Grundsätzlich gilt, dass bei Geringverdienern mit niedrigen Steuersätzen das Argument des Steuervorteils völlig untauglich ist.

9. **Keine zu lange Laufzeit**
Grundsätzlich kann man davon ausgehen, dass die Laufzeit der Kreditverbindlichkeiten bei einprozentiger Tilgung etwa 35 Jahre beträgt. Wenn man also bereits bei Abschluss des Kreditvertrages 40 Jahre alt ist, reicht das Darlehensende weit in die Rentenzeit hinein. Sie sollten daher unbedingt darauf achten, dass Sie zum

Zeitpunkt der Kreditaufnahme eine Laufzeit kalkulieren, die fünf Jahre vor Ihrem Renteneintritt endet, damit Sie bis dahin mit keinen Belastungen aus dem Engagement mehr rechnen müssen, denn dann steht Ihnen ja bekanntlich weniger monatliches Einkommen zur Verfügung.

10. **Vermeiden Sie Ehegattenmithaftung**
Zumeist wird von den Vermittlern argumentiert, dass man den günstigen Kredit nur dann erhalte, wenn der Ehepartner oder Lebensgefährte mit unterzeichnet. Hat die Ehefrau zum Beispiel kein eigenes Einkommen, ist »nur« Hausfrau und versorgt zu Hause die Kinder, ist eine Unterzeichnung schon nach der Rechtsprechung sittenwidrig und daher unwirksam.

Bestehen Sie also unbedingt, auch wenn die Ehefrau nur einen geringen Verdienst hat, darauf, dass sie nicht mit unterzeichnet. Der Bundesgerichtshof hat eindeutig festgelegt, dass eine Kreditunterzeichnung durch eine Ehefrau dann sittenwidrig ist, wenn ihr Einkommen nicht ausreichen würde, um die monatliche Rate an die Bank zu bedienen.

Was tun, wenn Sie merken, dass Sie Opfer einer Schrott-Immobilie sind?

Die wichtigsten Tipps, wenn die monatlichen Kreditraten höher als die Einnahmen aus der Vermietung einer Schrott-Immobilie sind, wenn die Raten Ihnen über den Kopf gewachsen und die Ersparnisse aufgebraucht sind:

- Nehmen Sie keine weiteren Kredite auf!
  Nehmen Sie keinen Verbraucherkredit auf und borgen Sie sich auch kein Geld von Freunden oder Verwandten, um die Raten für die Immobilie weiter zahlen zu können. Zahlen Sie die Rate für die Immobilie nicht weiter, wenn Sie nicht mehr können!
- Sammeln Sie Beweise!
  Besichtigen Sie sofort die gekaufte Immobilie, wenn Sie das noch nicht getan haben. Nehmen Sie einen Zeugen mit. Machen Sie Fotos von eventuellen Mängeln und notieren Sie alle Beobachtungen. Stellen Sie alle Unterlagen zusammen, die Verkaufsprospekte, den bisherigen Schriftverkehr, die Kauf- und Kreditverträge sowie die entsprechenden Kontoauszüge.
- Suchen Sie einen spezialisierten Rechtsanwalt auf!
  Verhandeln Sie nicht allein mit der Bank. Fragen Sie bei Schutzvereinigungen oder anderen Hilfsorganisationen nach diesen spezialisierten Anwälten. Denn wenn Sie selbst bei der Bank anrufen, landen Sie bei der Kreditabteilung, die Ihnen keinen Schuldenerlass geben darf.
- Verhandeln ist besser als klagen!
  Es ist meist unklug, die Bank zu verklagen, weil das die Chancen auf einen Vergleich und damit auf einen Schuldenerlass senkt. Denn die Institute wollen Musterurteile vermeiden, auf die sich später weitere Geschädigte berufen könnten. Es ist deshalb vorteilhafter, zu verhandeln, um sich gütlich zu einigen.
- Bleiben Sie ruhig!
  Geraten Sie nicht in Panik, wenn Sie nicht mehr zahlen können, sondern bleiben Sie gelassen. Bedenken

Sie, dass kleine Einkommen kaum pfändbar sind und alle Einkommen unter 1049 Euro netto gar nicht. (Siehe hierzu im Einzelnen die Pfändungstabelle auf Seite 217.) Werden Sie auch nicht ungeduldig, wenn die Verhandlungen des Anwalts mit der Bank länger dauern (mehr als ein halbes Jahr)!

Gesetzliche Pfändungstabelle

(Anlage zu § 850c III ZPO – Stand 1. 7. 2013))

Euro		*Pfändbarer Betrag bei Unterhaltspflicht für … Personen*					
Nettolohn monatlich		*0*	*1*	*2*	*3*	*4*	*5*
bis	**1049,99**	–	–	–	–	–	–
1050,00	**1059,99**	3,47	–	–	–	–	–
1060,00	**1069,99**	10,47	–	–	–	–	–
1070,00	**1079,99**	17,47	–	–	–	–	–
1080,00	**1089,99**	24,47	–	–	–	–	–
1090,00	**1099,99**	31,47	–	–	–	–	–
1100,00	**1109,99**	38,47	–	–	–	–	–
1110,00	**1119,99**	45,47	–	–	–	–	–
1120,00	**1129,99**	52,47	–	–	–	–	–
1130,00	**1139,99**	59,47	–	–	–	–	–
1140,00	**1149,99**	66,47	–	–	–	–	–
1150,00	**1159,99**	73,47	–	–	–	–	–
1160,00	**1169,99**	80,47	–	–	–	–	–
1170,00	**1179,99**	87,47	–	–	–	–	–
1180,00	**1189,99**	94,47	–	–	–	–	–
1190,00	**1199,99**	101,47	–	–	–	–	–
1200,00	**1209,99**	108,47	–	–	–	–	–
1210,00	**1219,99**	115,47	–	–	–	–	–
1220,00	**1229,99**	122,47	–	–	–	–	–
1230,00	**1239,99**	129,47	–	–	–	–	–
1240,00	**1249,99**	136,47	–	–	–	–	–
1250,00	**1259,99**	143,47	–	–	–	–	–
1260,00	**1269,99**	150,47	–	–	–	–	–
1270,00	**1279,99**	157,47	–	–	–	–	–
1280,00	**1289,99**	164,47	–	–	–	–	–
1290,00	**1299,99**	171,47	–	–	–	–	–
1300,00	**1309,99**	178,47	–	–	–	–	–
1310,00	**1319,99**	185,47	–	–	–	–	–
1320,00	**1329,99**	192,47	–	–	–	–	–
1330,00	**1339,99**	199,47	–	–	–	–	–
1340,00	**1349,99**	206,47	–	–	–	–	–
1350,00	**1359,99**	213,47	–	–	–	–	–

Euro		Pfändbarer Betrag bei Unterhaltspflicht für … Personen					
Nettolohn monatlich		0	1	2	3	4	5
1360,00	**1369,99**	220,47	–	–	–	–	–
1370,00	**1379,99**	227,47	–	–	–	–	–
1380,00	**1389,99**	234,47	–	–	–	–	–
1390,00	**1399,99**	241,47	–	–	–	–	–
1400,00	**1409,99**	248,47	–	–	–	–	–
1410,00	**1419,99**	255,47	–	–	–	–	–
1420,00	**1429,99**	262,47	–	–	–	–	–
1430,00	**1439,99**	269,47	–	–	–	–	–
1440,00	**1449,99**	276,47	0,83	–	–	–	–
1450,00	**1459,99**	283,47	5,83	–	–	–	–
1460,00	**1469,99**	290,47	10,83	–	–	–	–
1470,00	**1479,99**	297,47	15,83	–	–	–	–
1480,00	**1489,99**	304,47	20,83	–	–	–	–
1490,00	**1499,99**	311,47	25,83	–	–	–	–
1500,00	**1509,99**	318,47	30,83	–	–	–	–
1510,00	**1519,99**	325,47	35,83	–	–	–	–
1520,00	**1529,99**	332,47	40,83	–	–	–	–
1530,00	**1539,99**	339,47	45,83	–	–	–	–
1540,00	**1549,99**	346,47	50,83	–	–	–	–
1550,00	**1559,99**	353,47	55,83	–	–	–	–
1560,00	**1569,99**	360,47	60,83	–	–	–	–
1570,00	**1579,99**	367,47	65,83	–	–	–	–
1580,00	**1589,99**	374,47	70,83	–	–	–	–
1590,00	**1599,99**	381,47	75,83	–	–	–	–
1600,00	**1609,99**	388,47	80,83	–	–	–	–
1610,00	**1619,99**	395,47	85,83	–	–	–	–
1620,00	**1629,99**	402,47	90,83	–	–	–	–
1630,00	**1639,99**	409,47	95,83	–	–	–	–
1640,00	**1649,99**	416,47	100,83	–	–	–	–
1650,00	**1659,99**	423,47	105,83	–	–	–	–
1660,00	**1669,99**	430,47	110,83	1,02	–	–	–
1670,00	**1679,99**	437,47	115,83	5,02	–	–	–
1680,00	**1689,99**	444,47	120,83	9,02	–	–	–
1690,00	**1699,99**	451,47	125,83	13,02	–	–	–
1700,00	**1709,99**	458,47	130,83	17,02	–	–	–

Euro		Pfändbarer Betrag bei Unterhaltspflicht für … Personen					
Nettolohn monatlich		0	1	2	3	4	5
1710,00	**1719,99**	465,47	135,83	21,02	–	–	–
1720,00	**1729,99**	472,47	140,83	25,02	–	–	–
1730,00	**1739,99**	479,47	145,83	29,02	–	–	–
1740,00	**1749,99**	486,47	150,83	33,02	–	–	–
1750,00	**1759,99**	493,47	155,83	37,02	–	–	–
1760,00	**1769,99**	500,47	160,83	41,02	–	–	–
1770,00	**1779,99**	507,47	165,83	45,02	–	–	–
1780,00	**1789,99**	514,47	170,83	49,02	–	–	–
1790,00	**1799,99**	521,47	175,83	53,02	–	–	–
1800,00	**1809,99**	528,47	180,83	57,02	–	–	–
1810,00	**1819,99**	535,47	185,83	61,02	–	–	–
1820,00	**1829,99**	542,47	190,83	65,02	–	–	–
1830,00	**1839,99**	549,47	195,83	69,02	–	–	–
1840,00	**1849,99**	556,47	200,83	73,02	–	–	–
1850,00	**1859,99**	563,47	205,83	77,02	–	–	–
1860,00	**1869,99**	570,47	210,83	81,02	–	–	–
1870,00	**1879,99**	577,47	215,83	85,02	–	–	–
1880,00	**1889,99**	584,47	220,83	89,02	1,03	–	–
1890,00	**1899,99**	591,47	225,83	93,02	4,03	–	–
1900,00	**1909,99**	598,47	230,83	97,02	7,03	–	–
1910,00	**1919,99**	605,47	235,83	101,02	10,03	–	–
1920,00	**1929,99**	612,47	240,83	105,02	13,03	–	–
1930,00	**1939,99**	619,47	245,83	109,02	16,03	–	–
1940,00	**1949,99**	626,47	250,83	113,02	19,03	–	–
1950,00	**1959,99**	633,47	255,83	117,02	22,03	–	–
1960,00	**1969,99**	640,47	260,83	121,02	25,03	–	–
1970,00	**1979,99**	647,47	265,83	125,02	28,03	–	–
1980,00	**1989,99**	654,47	270,83	129,02	31,03	–	–
1990,00	**1999,99**	661,47	275,83	133,02	34,03	–	–
2000,00	**2009,99**	668,47	280,83	137,02	37,03	–	–
2010,00	**2019,99**	675,47	285,83	141,02	40,03	–	–
2020,00	**2029,99**	682,47	290,83	145,02	43,03	–	–
2030,00	**2039,99**	689,47	295,83	149,02	46,03	–	–
2040,00	**2049,99**	696,47	300,83	153,02	49,03	–	–
2050,00	**2059,99**	703,47	305,83	157,02	52,03	–	–

Euro		*Pfändbarer Betrag bei Unterhaltspflicht für ... Personen*					
Nettolohn monatlich		*0*	*1*	*2*	*3*	*4*	*5*
2060,00	**2069,99**	710,47	310,83	161,02	55,03	–	–
2070,00	**2079,99**	717,47	315,83	165,02	58,03	–	–
2080,00	**2089,99**	724,47	320,83	169,02	61,03	–	–
2090,00	**2099,99**	731,47	325,83	173,02	64,03	–	–
2100,00	**2109,99**	738,47	330,83	177,02	67,03	0,86	–
2110,00	**2119,99**	745,47	335,83	181,02	70,03	2,86	–
2120,00	**2129,99**	752,47	340,83	185,02	73,03	4,86	–
2130,00	**2139,99**	759,47	345,83	189,02	76,03	6,86	–
2140,00	**2149,99**	766,47	350,83	193,02	79,03	8,86	–
2150,00	**2159,99**	773,47	355,83	197,02	82,03	10,86	–
2160,00	**2169,99**	780,47	360,83	201,02	85,03	12,86	–
2170,00	**2179,99**	787,47	365,83	205,02	88,03	14,86	–
2180,00	**2189,99**	794,47	370,83	209,02	91,03	16,86	–
2190,00	**2199,99**	801,47	375,83	213,02	94,03	18,86	–
2200,00	**2209,99**	808,47	380,83	217,02	97,03	20,86	–
2210,00	**2219,99**	815,47	385,83	221,02	100,03	22,86	–
2220,00	**2229,99**	822,47	390,83	225,02	103,03	24,86	–
2230,00	**2239,99**	829,47	395,83	229,02	106,03	26,86	–
2240,00	**2249,99**	836,47	400,83	233,02	109,03	28,86	–
2250,00	**2259,99**	843,47	405,83	237,02	112,03	30,86	–
2260,00	**2269,99**	850,47	410,83	241,02	115,03	32,86	–
2270,00	**2279,99**	857,47	415,83	245,02	118,03	34,86	–
2280,00	**2289,99**	864,47	420,83	249,02	121,03	36,86	–
2290,00	**2299,99**	871,47	425,83	253,02	124,03	38,86	–
2300,00	**2309,99**	878,47	430,83	257,02	127,03	40,86	–
2310,00	**2319,99**	885,47	435,83	261,02	130,03	42,86	–
2320,00	**2329,99**	892,47	440,83	265,02	133,03	44,86	0,52
2330,00	**2339,99**	899,47	445,83	269,02	136,03	46,86	1,52
2340,00	**2349,99**	906,47	450,83	273,02	139,03	48,86	2,52
2350,00	**2359,99**	913,47	455,83	277,02	142,03	50,86	3,52
2360,00	**2369,99**	920,47	460,83	281,02	145,03	52,86	4,52
2370,00	**2379,99**	927,47	465,83	285,02	148,03	54,86	5,52
2380,00	**2389,99**	934,47	470,83	289,02	151,03	56,86	6,52
2390,00	**2399,99**	941,47	475,83	293,02	154,03	58,86	7,52
2400,00	**2409,99**	948,47	480,83	297,02	157,03	60,86	8,52

Euro		Pfändbarer Betrag bei Unterhaltspflicht für ... Personen					
Nettolohn monatlich		0	1	2	3	4	5
2410,00	**2419,99**	955,47	485,83	301,02	160,03	62,86	9,52
2420,00	**2429,99**	962,47	490,83	305,02	163,03	64,86	10,52
2430,00	**2439,99**	969,47	495,83	309,02	166,03	66,86	11,52
2440,00	**2449,99**	976,47	500,83	313,02	169,03	68,86	12,52
2450,00	**2459,99**	983,47	505,83	317,02	172,03	70,86	13,52
2460,00	**2469,99**	990,47	510,83	321,02	175,03	72,86	14,52
2470,00	**2479,99**	997,47	515,83	325,02	178,03	74,86	15,52
2480,00	**2489,99**	1004,47	520,83	329,02	181,03	76,86	16,52
2490,00	**2499,99**	1011,47	525,83	333,02	184,03	78,86	17,52
2500,00	**2509,99**	1018,47	530,83	337,02	187,03	80,86	18,52
2510,00	**2519,99**	1025,47	535,83	341,02	190,03	82,86	19,52
2520,00	**2529,99**	1032,47	540,83	345,02	193,03	84,86	20,52
2530,00	**2539,99**	1039,47	545,83	349,02	196,03	86,86	21,52
2540,00	**2549,99**	1046,47	550,83	353,02	199,03	88,86	22,52
2550,00	**2559,99**	1053,47	555,83	357,02	202,03	90,86	23,52
2560,00	**2569,99**	1060,47	560,83	361,02	205,03	92,86	24,52
2570,00	**2579,99**	1067,47	565,83	365,02	208,03	94,86	25,52
2580,00	**2589,99**	1074,47	570,83	369,02	211,03	96,86	26,52
2590,00	**2599,99**	1081,47	575,83	373,02	214,03	98,86	27,52
2600,00	**2609,99**	1088,47	580,83	377,02	217,03	100,86	28,52
2610,00	**2619,99**	1095,47	585,83	381,02	220,03	102,86	29,52
2620,00	**2629,99**	1102,47	590,83	385,02	223,03	104,86	30,52
2630,00	**2639,99**	1109,47	595,83	389,02	226,03	106,86	31,52
2640,00	**2649,99**	1116,47	600,83	393,02	229,03	108,86	32,52
2650,00	**2659,99**	1123,47	605,83	397,02	232,03	110,86	33,52
2660,00	**2669,99**	1130,47	610,83	401,02	235,03	112,86	34,52
2670,00	**2679,99**	1137,47	615,83	405,02	238,03	114,86	35,52
2680,00	**2689,99**	1144,47	620,83	409,02	241,03	116,86	36,52
2690,00	**2699,99**	1151,47	625,83	413,02	244,03	118,86	37,52
2700,00	**2709,99**	1158,47	630,83	417,02	247,03	120,86	38,52
2710,00	**2719,99**	1165,47	635,83	421,02	250,03	122,86	39,52
2720,00	**2729,99**	1172,47	640,83	425,02	253,03	124,86	40,52
2730,00	**2739,99**	1179,47	645,83	429,02	256,03	126,86	41,52
2740,00	**2749,99**	1186,47	650,83	433,02	259,03	128,86	42,52
2750,00	**2759,99**	1193,47	655,83	437,02	262,03	130,86	43,52

Euro		Pfändbarer Betrag bei Unterhaltspflicht für … Personen					
Nettolohn monatlich		0	1	2	3	4	5
2760,00	**2769,99**	1200,47	660,83	441,02	265,03	132,86	44,52
2770,00	**2779,99**	1207,47	665,83	445,02	268,03	134,86	45,52
2780,00	**2789,99**	1214,47	670,83	449,02	271,03	136,86	46,52
2790,00	**2799,99**	1221,47	675,83	453,02	274,03	138,86	47,52
2800,00	**2809,99**	1228,47	680,83	457,02	277,03	140,86	48,52
2810,00	**2819,99**	1235,47	685,83	461,02	280,03	142,86	49,52
2820,00	**2829,99**	1242,47	690,83	465,02	283,03	144,86	50,52
2830,00	**2839,99**	1249,47	695,83	469,02	286,03	146,86	51,52
2840,00	**2849,99**	1256,47	700,83	473,02	289,03	148,86	52,52
2850,00	**2859,99**	1263,47	705,83	477,02	292,03	150,86	53,52
2860,00	**2869,99**	1270,47	710,83	481,02	295,03	152,86	54,52
2870,00	**2879,99**	1277,47	715,83	485,02	298,03	154,86	55,52
2880,00	**2889,99**	1284,47	720,83	489,02	301,03	156,86	56,52
2890,00	**2899,99**	1291,47	725,83	493,02	304,03	158,86	57,52
2900,00	**2909,99**	1298,47	730,83	497,02	307,03	160,86	58,52
2910,00	**2919,99**	1305,47	735,83	501,02	310,03	162,86	59,52
2920,00	**2929,99**	1312,47	740,83	505,02	313,03	164,86	60,52
2930,00	**2939,99**	1319,47	745,83	509,02	316,03	166,86	61,52
2940,00	**2949,99**	1326,47	750,83	513,02	319,03	168,86	62,52
2950,00	**2959,99**	1333,47	755,83	517,02	322,03	170,86	63,52
2960,00	**2969,99**	1340,47	760,83	521,02	325,03	172,86	64,52
2970,00	**2979,99**	1347,47	765,83	525,02	328,03	174,86	65,52
2980,00	**2989,99**	1354,47	770,83	529,02	331,03	176,86	66,52
2990,00	**2999,99**	1361,47	775,83	533,02	334,03	178,86	67,52
3000,00	**3009,99**	1368,47	780,83	537,02	337,03	180,86	68,52
3010,00	**3019,99**	1375,47	785,83	541,02	340,03	182,86	69,52
3020,00	**3029,99**	1382,47	790,83	545,02	343,03	184,86	70,52
3030,00	**3039,99**	1389,47	795,83	549,02	346,03	186,86	71,52
3040,00	**3049,99**	1396,47	800,83	553,02	349,03	188,86	72,52
3050,00	**3059,99**	1403,47	805,83	557,02	352,03	190,86	73,52
3060,00	**3069,99**	1410,47	810,83	561,02	355,03	192,86	74,52
3070,00	**3079,99**	1417,47	815,83	565,02	358,03	194,86	75,52
3080,00	**3089,99**	1424,47	820,83	569,02	361,03	196,86	76,52
3090,00	**3099,99**	1431,47	825,83	573,02	364,03	198,86	77,52
3100,00	**3109,99**	1438,47	830,83	577,02	367,03	200,86	78,52

Euro		*Pfändbarer Betrag bei Unterhaltspflicht für … Personen*					
Nettolohn monatlich		*0*	*1*	*2*	*3*	*4*	*5*
3110,00	**3119,99**	1445,47	835,83	581,02	370,03	202,86	79,52
3120,00	**3129,99**	1452,47	840,83	585,02	373,03	204,86	80,52
3130,00	**3139,99**	1459,47	845,83	589,02	376,03	206,86	81,52
3140,00	**3149,99**	1466,47	850,83	593,02	379,03	208,86	82,52
3150,00	**3159,99**	1473,47	855,83	597,02	382,03	210,86	83,52
3160,00	**3169,99**	1480,47	860,83	601,02	385,03	212,86	84,52
3170,00	**3179,99**	1487,47	865,83	605,02	388,03	214,86	85,52
3180,00	**3189,99**	1494,47	870,83	609,02	391,03	216,86	86,52
3190,00	**3199,99**	1501,47	875,83	613,02	394,03	218,86	87,52
3200,00	**3203,67**	1508,47	880,83	617,02	397,03	220,86	88,52
Der Mehrbetrag über 3203,67 Euro ist voll pfändbar.							